彼女たちの20代

山口路子

はじめに

あなたはいま、二十代をどのように過ごしていますか。
あなたは、これから二十代をどのように過ごしたいですか。
あなたはかつて、二十代をどのように過ごしていましたか。

二十代は、「子ども」では許されなくなってから、「何者かにならなければ」「何かをなさなければ」という、ぼんやりとした社会からの圧力がかかってくる、三十代までの人生のシーズン。

とてもやわらかで頼りなく、影響を受けやすく、自分の能力の限界がわからないから無限の情熱をもつことができ、一方で、経験が浅いから、それがとても鋭利と知らずに感情のナイフをふりまわして、自分やほかの人たちを傷つけたりすることが多い。

そして恋にしても仕事にしても「はじめての経験」だらけ。はじめての経験は心躍ることも多いけれど、激しくつらいことも多く、だからこそあやうい。二十代はそんなシーズンだと私は思います。

「有名な人たちが二十代をどんなふうに生きていたのか知りたい。いままで研究したり書いたりしてきた女性たちの二十代をテーマにした本がすごく読みたいんだけど…」

いままさに二十代を生きている彼女からそんなリクエストがあったのは昨年、早春のことでした。彼女は出版社ブルーモーメント代表であり、私の娘でもある竹井夢子です。

私の執筆テーマのひとつに「女性の生き方」があります。

これまでに作家、女優、デザイナー、歌手、美術家…さまざまな分野で歴史にその名を刻んだ人たちについて書いてきました。

いまでこそ有名で、その人生を知りたいと思わせる彼女たちですが、最初から有名であったわけでは、もちろんありません。

そんな彼女たちの二十代、まだ自分が何者かわからずにいたシーズン、「はじめての経験」だらけだったシーズンに焦点をあてた本…。


彼女からのリクエストを受けて、それを私は書きたいか、書けるか、あれこれ考えながら過ごしていたある日の夕刻、モノクロのイメージがふと浮かびました。

書店をさまよう二十代半ばの私の後ろ姿です。

いまの自分に響く本、生き方を考えるきっかけになる本を探して、なかなかなくて、それでも何かないかと、あのころ私は毎日のように書店に出かけ、長い時間をそこで過ごしていたのでした。

すこし途方に暮れたようなモノクロの後ろ姿に、ああ、と思わず声がもれました。あのとき、私が求めていたのは、まさに彼女がリクエストしている本だったのです。

書きたい、と思いました。

彼女たちは二十代をどのように過ごしたのか。

何を考え、何に悩み、何に苦しみ、どのようなことに幸せを感じ、どのような出会いがあり、そして、どのように生きたいと願っていたのか。

世界的に有名であること、私自身が興味を惹かれ、伝えたい二十代のエピソードがあること。

その視線から十三人を選びました。

若くして世界的な名声を手にした人もいます。明確な目標にむかって無我夢中だった人もいます。軽やかに好きなことを仕事にした人もいます。人生に絶望し自ら命を終わらせようとした人もいます。恋愛に悩みに悩んでいた人もいます。

その色彩はさまざまですが、執筆を進めるなかで、通底するものが見えてきました。

「はじめての経験」にどのように対処するのか、立ち向かうのか、傷つくのか、その後どうするのか。

それがどんなにささやかなエピソードであっても、そこに、すでにその人のスタイルがある、ということです。

そして、それはいまを生きる人々の多くに通底することではないか、と思うのです。

あなたは彼女たちの二十代に何を想うのでしょう。

十代の人は「私はどんなふうに過ごしたいのだろう」と自分自身に語りかけるのでしょうか。

二十代の人は「私と同じ年齢のころ、彼女はこんなことをしていたのか。私はどうだろう」と、ちょっと立ち止まるかんじで考えるのでしょうか。

すでに二十代というシーズンを終えた人は、自分の二十代をふり返り、「もしかしたら、あのときのあの経験が、いまの自分に何かを語りかけているのではないか」、そんな思索の時間をもつのかもしれません。

本書を手にしてくださったあなたが、彼女たちの二十代から、自分自身のスタイルを考えるきっかけを、自己探究の鍵を、見出してくれたなら、私はとても嬉しいです。

Contents

Yayoi Kusama

草間彌生

（1929—）

私が第一に考えることは、
一にも、二にも、
いい芸術を作りたいということだ。
私の心の中には、それ以外はない。

草間彌生《くさまやよい》。今年九十四歳の彼女は、いま世界で絶大な人気を誇るアーティストです。水玉模様の衣装、本人は「帽子」と呼ぶ、赤やピンクのぱっつんボブのウイッグ、その強烈な個性で世界中の人々を夢中にさせています。

芸術には興味がなくても、ルイ・ヴィトンとのコラボレーションや、瀬戸内海に浮かぶ直島、海を背景に鎮座する巨大な「南瓜《かぼちゃ》」などは、どこかで目にしたことがあるのではないでしょうか。

「私は強迫神経症、不安神経症なの」と本人は言いますが、少女時代から統合失調症をかかえ、四十代半ばでニューヨークから帰国してからは精神科病院の一室に住み、アトリエと病室とを往復する日々を過ごしています。

精神の病と闘いながら制作を続ける草間彌生の名が全世界に知られ、各国で個展が開催され始めたのは、彼女が六十歳を過ぎてからのこと。

ずいぶん待たされて花開いたこの芸術家は、残された時間に挑むかのように、壮絶なエネルギーで制作を続けています。

彼女の創作の原点

草間彌生は一九二九年三月二十二日、長野県松本市の旧家に生まれました。種苗業《しゅびょうぎょう》を営む実家は、何十人もの従業員がいる長野県一の大きな老舗で、彼女は家の周りに花畑や野菜畑が広がっている環境で少女時代を過ごします。

そして、それがなぜなのか、何なのか、わかるはずもなかったのですが、自分がほかの人たちとは違うことに気づき始めます。すこし長いですが、草間彌生の精神の病がどんなものであるのか、本人が詳細に語っている箇所を自伝から紹介します。

——そこにはスミレ畑は群をなしていて、私はその中でもの思いにふけって座っていた。すると突然、スミレの一つ一つがまるで人間のようにそれぞれの個性をした顔つきをして、私に話しかけてくるではないか。そして、それがどんどん増殖していって、耳が痛くなるほどに語りかけてくる。…その時、私にはスミレの花が人間の顔に見え、それが全部私の方を向いている。私は恐怖で足がガタガタと震えるのをどうすることもできなかった。

私は走って走って夢中で家に逃げて帰った。ところが、途中から追いかけてきた我が家の犬が、人間の話す言葉で私に向かって吠えかかってきた。それに驚いていると、今度は私の声が犬声になってしまっている。どうなったんだろう、どうなってしまったんだろうというパニック状態で家に飛びこんだ。そして、青くなって押入れにもぐりこみ、やっと息をつくことができた。その真暗な押入の中で今のことを思い返すと、現実だったのか夢だったのか、私にはわからなくなっていた。…その光景を残しておきたいと絵を描くようになり、そうした幻覚を記した手帳を何冊も持っていた。その時に感じた驚きや恐怖をそうやって静めていく。それが私の絵の原点である。

幻覚や幻聴、これは精神の病によるものでしたが、幼い少女にはわかるわけもありません。

彼女は自分が見たものの感じたものを描くことで、その恐怖を克服しようとしていました。その才能を見出した高校の美術教師が両親を説得し、彼女は十九歳のとき、京都の美術学校に編入学します。日本画を学びますが、伝統にしばられた画壇の空気が肌に合わず、一年ちょっとで松本市にもどり、ひとり創作に没頭する日々を過ごします。

彼女が野心いっぱいでアメリカに渡るのが二十八歳。二十九歳でニューヨークを拠点に前衛芸術家としての活動を始めます。前衛芸術とは、その時代の常識や既成概念にしばられない革新的な表現様式のことを言います。

一九六〇年代、彼女が三十代のとき、独創的な作品と「ハプニング」という過激なパフォーマンスで注目を集め「前衛の女王」と呼ばれるほどになりますが、当時は男尊女卑、人種差別が強くあり、女性であり日本人であるがゆえに、正当な評価を得ることができません。

生活は苦しく、精神の病も重篤《じゅうとく》になり、何度も自殺未遂をし、四十四歳のときに帰国。以後、十年以上、美術界からほとんど忘れられた存在になります。

再び脚光をあびるきっかけとなったのが一九九三年のヴェネチア・ビエンナーレ。日本代表に選ばれ、個展を開催したのです。六十四歳。草間彌生の芸術を評価し、その才能をなんとかして認めさせたいという熱意ある人が、日本の美術界にいたのです。

再評価の動きが高まり、世界各地で個展が開催され、二〇一二年のルイ・ヴィトンとの初コラボレーションで世界的に有名な画家となり、現在にいたるまで爆進状態が続いています。

――私には、私のプランがある

二〇〇八年公開の『≡（ニアイコール）草間彌生 わたし大好き』、二〇一八年公開の『草間彌生∞INFINITY』、私はどちらのドキュメンタリー映画も大好きで何度も観ています。

おそろしいほどの集中力で描く姿、美しい日本語、そして「私って天才」、「私、かわいい、きれい」と心底自分に感嘆している姿に愛しさがとまらなくなります。そしてこの人の闘いの日々を想うといつだって目の奥が熱くなります。

草間彌生は小説や詩でもその才能を開花させていますが、七十三歳のときに出版された自伝『無限の網』は、濃くて深い内容と格調高い文章、すばらしい本です。

私はこの自伝の最後の一節をノートに書き写したことがあります。

――今、私が第一に考えることは、一にも、二にも、いい芸術を作りたいということだ。

私の心の中には、それ以外はない。

一日ごとに早くなっていく加速度的な時間の中で、与えられた枠の内側で必死になってみてもたかが知れている、と考えることはおよそ空しく、無意味である。私は、死んであともなお永遠に輝く芸術を望んでやまない。死後の風雪に耐える仕事をしていきたいということが、心の中にいっぱいに広がると、眠れぬ夜さえある。

人生は真実素晴らしいとつくづく思い、体が震えるほど、芸術の世界は尽きることなく興味があり、私にはこの世界しか希望のわく、生きがいのある場所は他にないのだ。

そして、そのために如何《いか》なる苦労をしても悔いはない。私はそのようにこれまで生きてき、これからもそう生きてゆく。

ノートに書き写したのは、彼女の芸術家としての矜持《きょうじ》に強く胸うたれたからです。

私も何かを表現しようとしているのなら、それがどんなにささやかなものであっても、評価されなくても、このくらいの気概がないとだめなのだと、情けなさすぎる自分に涙をにじませながらノートにペンを走らせたあの夜のことを、もう十年以上も前のことですが、よく覚えています。

――私には、私のプランがある。…周囲の人間たちの冷たい視線にさらされながらも、自分は自分の生きたいように生きるということであり、それを現実に実行してきたことは、我ながらこの道を歩いてきて良かったと思う。

「自分の生きたいように生きる」というプランをもつ草間彌生。彼女は二十代をどのように過ごしたのか。三つのエピソードを通して見てみましょう。

Episode

1

描くことしか自分を救う道はない。芸術に人生を捧げたい。

成長するにつれて絵の道に進みたいという思いは強くなりましたが、家族、なかでも母親から画家になることを大反対されます。裕福な家に嫁いでほしいという、この時代の旧家の母親なら当然の願いではありましたが、彼女は親に反発します。

ヒステリックな母親は草間彌生が描いた絵を破いてしまったり、絵を描いていると叩いたりしたというのですから、想像すると、ほんとうにかわいそうになってしまいます。

それでも彼女は描くことをやめませんでした。

「描くことで幻覚と共存できる、描くことしか自分を救う道はない。芸術に人生を捧げたい」という想いが強烈だったからです。

二十代の始まりとともに、京都の美術学校から実家にもどった彼女は自室にこもって創作に没頭しました。

――むちゃくちゃに数多くの絵を描きまくるので、その量たるや累々として天井まで積み重ねられていく。私の頭の中のイメージは、活火山の噴火のように噴きあげてくるので、いつも困るのはカンヴァスや紙や絵具の調達に走り廻らなければならないことだった。そのためには、どんなことでもやってのけるほどに手段を選ばなかった。

はじめて個展を開催したのは二十三歳のときです。会場は松本市公民館の一室で会期は二日間、二百点を超える作品を展示しました。当時の地元の新聞は若き女性画家の初個展を好意的に紹介し、多くの入場者があったため時間を延長したほどでした。

そして驚くことにそのわずか半年後に新作二七〇点を展示するという個展を開催しているのです。単純に計算してひと月に四十五枚というペースです。どれほどの勢いで描いていたのかわかります。

この個展は草間彌生の道を、たしかに開きました。彼女は人生ではじめての理解者に出会うのです。

信州大学の精神科教授である西丸四方《にしまるしほう》で、彼はすぐに彼女の精神の病に気づきました。

「その狂的な抽象画に圧倒されるほどの迫力を感じた。これは物真似でない本物の抽象画だと思って、その画家に会ってみた。二十歳ぐらいで体が小さく、ぼそぼそと話をする無表情の娘であった。この娘には、ノイローゼで悩む時期と、ほとばしるように絵が描ける時期と、それを種々宣伝して公表するエネルギーの満ちた状態になる時期とが、交互に来る。ノイローゼの時期には、非常な苦しみにさいなまれ、体の中のさまざまな異様なものが狂いまわり、幻覚に悩まされる。この時期が過ぎると、この異常な体内感覚をもとにして、一日に何枚もの絵が湧き出るように描かれ、これが独自の抽象画となる」

西丸医師は草間彌生の作品を購入し、同年の学会で「分裂性女性天才画家」というタイトルで研究発表をしました。

彼ははじめて彼女の病と芸術とを結びつけた人物であり、彼が専門家の医師たちに彼女を紹介してくれることになるので、重要な出会いでした。

個展では美術界の人たちとの出会いもありました。著名な美術評論家の瀧口修造《たきぐちしゅうぞう》がその才能を見出し、東京での個展を実現させています。

二十五歳と、翌年二十六歳のとき、二年連続で東京で個展を開催、その作品の一つは美術雑誌『みづゑ』の表紙を飾りました。二度目の個展のときには作家の川端康成《かわばたやすなり》が作品を購入しています。

両親も、娘の画家になりたいという意志がなみなみならぬものであるのを感じていたし、各方面からの評価もあったので、しだいに娘の活動を渋々ながらも見守るようになっていました。

Episode

2

画家として長く困難な道に一歩踏み出したばかりの私に、この道で生きてゆく術《すべ》を教えてください。

東京での個展が成功し、話題を呼んだわけですから、このまま日本でやっていく道もあったでしょう。

けれど彼女は「自分の居場所はここではない」と感じていました。もっと遠く、もっと刺激的な場所へ行きたい、そんな想いをつのらせていたとき、書店で一冊の画集に出会います。

その画集を、彼女は松本市内の古本屋で手に取りました。

そして一枚の絵に、雷にうたれたような衝撃を受けます。

それは、アメリカの画家ジョージア・オキーフの『黒いアイリス』という作品でした。画家が女性であるということを知ると、衝撃は何倍にもなりました。女性の画家は当時は珍しかったのです。そして草間彌生は何をしたか。オキーフに手紙を送ったのです。美術に興味のある人なら、あの草間彌生があのオキーフに手紙を書いた、というだけで心躍るエピソードです。

終戦から十年。インターネットなんてもちろんない時代ですから、彼女は六時間かけて新宿まで出てアメリカ大使館へ行き、著名人の住所録でオキーフの住所を調べ、水彩画十四点を同封した手紙を送りました。二度目の個展を開催した年の秋、二十六歳のときのことです。

——私は十三歳から十三年間、絵を描き続けている女流日本人画家です。画家としての長く困難な道に一歩踏み出したばかりの私にとって、あなたははるか彼方の存在ですが、この道で生きてゆく術《すべ》を教えてくだされば幸いです。

オキーフは二十世紀のアメリカを代表する女性画家で、当時は六十代後半。手紙は出したけれど、そんな有名な画家から「ぜったいに返事なんてこないだろう」と思っていた草間彌生のもとに、オキーフから返事が届きます。

そこには、水彩画を興味深く見たこと、芸術家の道は厳しいけれど、応援しています、といったことが書いてありました。

ほんとうに、どれほどの勇気をもらったことでしょう。

オキーフからの手紙に草間彌生は決意を強くします。

アメリカに行こう。前衛芸術がもっともさかんなニューヨークへ行こう、そこに私は行くべきだ。

ニューヨーク行きの協力を周囲に働きかける日々が始まります。

「なぜニューヨークなのか。なぜ日本ではだめなのか」と言う人ももちろんいました。それに対する答え、二十代をふり返っている箇所を紹介します。

――私は芸術という糸をたぐりながらかろうじて生きていく道をさぐりあてたが、もしそれがなかったら、とうの昔、私は私をとりまく環境に耐えられずに自殺していたにちがいない。今もなお思い出すが、何度自殺しようと、中央線の汽車が来るのを待って、線路わきに立っていたことだろうか。それを救ったものは、手さぐりに歩み出した芸術への導きだった。そして、その芸術への道を発展させ、より大きく開花させるためには、この日本にいては絶対にダメだったのだ。ここには、両親があり、家があり、土地があり、しがらみがあり、因習があり、偏見があった。人は何であるかということの生死の境目で闘っている私の芸術にとって、生きることと死ぬことはどういうことであるかという場で作りつづけている私の芸術にとって、この国はあまりにも小さく、卑しく、封建的で、女性への軽蔑に満ちていた。私の芸術には、もっと限りなく自由で、限りなく広大な世界を必要としていた。

Episode

3

ニューヨークに行ったら、
これよりうんと素晴らしい作品を
どんどん作ろうと思っていたのだ。
だから惜し気もなく全部燃やしてしまった。

当時は簡単に海外渡航ができる時代ではありませんでした。けれど彼女の強い意志と、個展の高い評価などで、協力する人たちがいて、渋々とはいえ家族の援助もあり、渡航が実現します。海外に行くこと自体がちょっとした事件で、その日、松本駅では盛大な出発式が行われました。

一九五七年の十一月、彼女は二十八歳。この渡航前に、彼女がしたあることは、とても衝撃的であり、かつ胸をうつものがあります。

ニューヨーク行きが決定したのち、彼女は描きためてきた作品を、家の裏を流れる川のほとりに次々と運びます。百号ほどの大きな絵もたくさんありました。彼女は積み重なった何百枚という過去の作品を見つめ、それから、それらを次々とナタで破壊し、火をつけたのです。

——あとに残しておくと、母が人に譲ったりするのが嫌だったし、それ以上に、その時は、ニューヨークに行ったら、これよりうんと素晴らしい作品をどんどん作ろうと思っていたのだ。だから惜し気もなく全部燃やしてしまった。

すさまじい「過去との決別」の儀式。

彼女の燃えたぎる未来への意志には畏《おそ》れをいだきます。困難ではあるけれど、どうしてもなしとげたいことがあるときは、自分を信じるというよりも、自分の強い意志を信じることが必要になってきます。彼女の過去との決別の儀式は、自分の意志の強度を確認するために必要な作業だったのでしょう。

草間彌生の二十代

活動すべきステージに立つために闘ったシーズン

単身ニューヨークで前衛芸術家としての活動を開始したとき、彼女は二十八歳でした。

――ニューヨークに着いたとき、エンパイア・ステート・ビルに上って、私の山のような芸術的なたくわえられた力でもってこのニューヨークを制覇して世界に飛び出て行くということを深く誓いました。美術界の歴史を塗りかえてやる、毎日そんなことばかりを考えていました。

ニューヨークでは希望と挫折に彩られた十五年間を過ごすわけですが、エンパイア・ステート・ビルでのこの瞬間は、立ちたかったステージに立った瞬間でもあります。

草間彌生の二十代、ニューヨーク以前は、自らが生き、活動すべきステージに立つための闘いのシーズンだったと言えるでしょう。

条件としてはかなり悪い環境に彼女はいました。生まれたのは日本の旧家、家族からは画家への道を猛反対されていて、彼女がニューヨークを目指した時代は渡航も容易ではなく、精神の病をかかえているという状況です。

それでも絵を描き続け、個展を開催したことで出会いがあり、道が開かれてゆく。そしてさらに自分のステージは前衛芸術がもっともさかんなニューヨークにあるのだと、オキーフへの手紙をはじめ、がむしゃらに突き進んだのです。

人生にはそのシーズンによっていくつもの選択可能なステージが用意されています。

草間彌生のニューヨーク以前で言えば、裕福な旧家のお嬢様として裕福な家に嫁ぐ、あるいは日本で画家として活動するというステージもありました。

けれど彼女はどうしてもニューヨークというステージで「草間彌生」を演じたかった。

それは容易なことではないけれど、それでもそのステージに立たなければ何者にもなれない、生きたいように生きることができない。だから必死で闘ったのでしょう。

かなりの逆境、過酷な状況でも、あきらめずに闘ったからこそ、いまの草間彌生が在るわけで、誰もが望めば好きなステージに立てる、という嘘を言う気はありませんが、それでも、どうしても立ちたいステージがあったなら、そこに立つために闘わなくては。彼女の二十代はそんなことを語りかけているように思います。

Catherine Deneuve

カトリーヌ・ドヌーヴ

（1943―）

不安になって、ためらうこともある。
でも私の場合、最後には好奇心のほうが
うち勝つという感じ。
自分にとって刺激的なこと、
自分が楽しめるということが、
なによりたいせつなの。

カトリーヌ・ドヌーヴ。彼女はフランスが誇る大女優です。映画『シェルブールの雨傘』で一躍有名になり、半世紀以上ものあいだ、トップ女優として映画界に君臨、出演した映画は百本を超えます。

彼女はシャネル社の初代ミューズでもあり、一九七〇年代、香水No.5のCMで、ブラックドレス姿で、ささやくように話しかけるドヌーヴの姿には世界中が「ミステリアス・ビューティー！」と熱狂しました。

イヴ・サンローランのミューズとしても知られ、映画『昼顔』で一緒に仕事をしてから、ふたりの友情は彼が亡くなるまで四十年以上続きました。

ファッション界における存在感も強く、年齢を重ねてからも気鋭のデザイナーたちに多大な影響を与えていて、現在も多くのショーの最前列にドヌーヴの姿があります。

同年代の多くの女優がリタイア状態にあるなか、二〇二二年の秋に七十九歳の誕生日を迎えてもなお、主役級のオファーが途切れることなく、それどころか多くの才能ある若手監督がドヌーヴのために脚本を用意するという、ほかに類を見ない女優です。

――私は自分の欲望に抵抗することが苦手なの

カトリーヌ・ドヌーヴは一九四三年十月二十二日、俳優を仕事とする両親のもと、四人姉妹の三女としてパリに生まれました。

早くから女優の仕事をしていた姉から誘われて映画の世界に入ったのが十四歳のとき。二十歳のとき主演した『シェルブールの雨傘』がカンヌ国際映画祭でグランプリを受賞したことで一躍スター女優となります。

自分のことは自分で考える、というスタイルで出演作もすべて自分の意のままに決めてきました。

――私が何かを欲しているとき、誰も、何も、私を止めることはできない。私は自分の欲望に抵抗することが苦手なの。

華麗な恋愛遍歴と「未婚の母」としても知られていて、初恋の相手で、プレイボーイとして有名な映画監督のロジェ・ヴァディムとの間に、十九歳で男の子を産んでいます。結婚することなく子どもを産んだこと、「十代の未婚の母」は当時大スキャンダルでした。ヴァディムと別れたのち、二十二歳のときに写真家のデヴィッド・ベイリーと電撃結婚しますが、短期間で離婚。

――離婚があるなら結婚に何の意味があるの?

この言葉通り、現在に至るまで再婚はしていません。

映画監督フランソワ・トリュフォーとの恋愛を経て、二十七歳のとき「世界中の女を夢中にさせる男」イタリアの名優マルチェロ・マストロヤンニとの恋愛でメディアを騒がせます。翌年彼との間に女の子キアラを産みますが、彼には家庭があったこともあり、またしても「未婚の母」ということで話題になりましたが、スキャンダルというよりは勇気ある選択といった見方もあったのが九年前とは異なるところでした。キアラ・マストロヤンニも魅力的な女優で、母と娘は素晴らしい映画『愛のあしあと』など、何作かで共演しています。

ドヌーブの恋愛の終わりは、たいていは彼女からでした。

――習慣や倦怠《けんたい》に引きずられて関係を続けてゆくのは無意味よ。

きっぱりと、きもちの変化を相手に告げたので、多くの男たちが泣かされたのですが、彼らと断絶することはほとんどなく、別れたのちも友情を残しています。

――人を愛するということは、それが悲しい結果に終わったとしても後悔しないものだと思うの。

三十七歳のとき『終電車』で、四十九歳のとき『インドシナ』で権威あるセザール賞主演女優賞を受賞しています。出演作の少ない時期もありましたが、五十代に入ったころから再び精力的に映画に出演し、数多くの賞を受賞、現在もハイペースでの出演が続いています。

――変化のない路線を進まないために、挑戦すべきことは何か、いつも考えているわ。ある一定のところに落ち着いてしまわないように、自分をつねに、ちょっとした危険にさらす必要があると思うの。

洗練され、ルールにとらわれない、それがドヌーヴ精神

二〇一九年に公開された『真実』は是枝裕和《これえだひろかず》監督がフランスの二大女優カトリーヌ・ドヌーヴとジュリエット・ビノシュを撮ったことで話題になりました。

私はそのジャパンプレミアに出かけたのですが、是枝監督、ビノシュとともに舞台に登場したドヌーヴは、シンプルな黒いワンピース、そしてほっそりとした足にはハイヒール、足首にはタトゥー、肩のあたりでゆるやかにウェーヴしている豊かなブロンド…、オーラとはこういうことを言うのだと息をのむほどの存在感がありました。

是枝監督が、この映画にまつわる物語を綴った本、『こんな雨の日に』のなかに、ドヌーヴに対する印象的な言葉があります。「なんだろう、この、一挙手一投足から目が離せなくなる感じ。日に日に彼女のファンになってゆく」。

これはドヌーヴに魅せられた人たち全員が大きくうなずく言葉でしょう。

二〇一九年秋冬パリコレで「サンローラン」のデザイナー、アンソニー・ヴァカレロはドヌーヴへの敬愛を表現したコレクションを発表しました。彼は言っています。

「洗練され、ルールにとらわれない、それがドヌーヴ精神」

秀逸な表現です。ドヌーヴ精神が伝わりそうな彼女自身の言葉を紹介します。

——誰か特定の個人から言われることには真剣に耳を傾ける。でも、いわゆる世論は、まったく気にしない。

——生き残るために必要なのは、自己防衛と、居場所の確保。

——私は社会規範の偽善を拒絶する。社会秩序を受け入れたことは一度もない、って言える。とくに私生活では。

——誰しも他人をジャッジする権利をもたない。正しいこと、正しくないことを決める権利をもたない。

——人が群れることによって生じる影響力、圧力が嫌い。

フランスのジャーナリスト、リシャール・ジャノリオは「美しい女性を形容するきわめてフランス的な言葉」として、「アリュール」「エレガンス」「シック」の三つをあげ、なかでも最高級に特別なのが「アリュール Allure」だと言います。

「彼女は全然アリュールがない、と言われたら救いようがありません。説明は難しいですが、すっと立っている姿勢、シルエット、動作のすべてに関わる、いわばその人の在り方。その人が部屋に入ってくると、みんなハッとして、その人のことしか見えなくなる。それがアリュールのある人です。アリュールは学ぶことができない。アリュールはあるか、ないか。それだけです。真っ先に思い浮かぶのがカトリーヌ・ドヌーヴです」

アリュールのある彼女はどんな二十代を過ごしたのでしょうか。三つのエピソードで見てゆきましょう。

Episode
1

何年もの間、
私にとって唯一の課題は、
生き続けることを学ぶことだったのよ。

ドヌーヴの二十代は栄光から始まります。ヒロインを演じた『シェルブールの雨傘』がカンヌ国際映画祭のグランプリを受賞し、一躍有名女優になったのが二十歳。けれど、この栄光が「人生最大の痛み」と本人が言う悲劇の要因につながってしまいます。

ドヌーヴにはひとつ年上の姉がいました。フランソワーズ・ドルレアックという名で、ドヌーヴより先に映画界で活躍していました。「世界でもっとも美しい姉妹」と讃えられたこの姉妹は、何でも言い合える仲で、いざというときにはお互いに寄り添う関係でした。

ドヌーヴ主演の『シェルブールの雨傘』がグランプリを受賞したその年、ドルレアックも『柔らかい肌』でノミネートされていて、姉妹対決となったわけですが、ドルレアックは賞をとれなかっただけではなく酷評を浴びてしまいます。

――あれは残酷だったわ。姉のなかで不当だというきもちはあったでしょう。

充分に美しく魅力的なドルレアックでしたが、以前から妹の美しさに劣等感をいだいていたこともあり、姉妹は複雑な思いをそれぞれにかかえることになりました。

それから三年後、ドヌーヴ二十三歳のとき、『ロシュフォールの恋人たち』が公開されます。ミュージカル映画史上最高傑作と言われた映画で、ふたりは双子の姉妹として共演、映画の撮影中「子ども時代にもどったような楽しいひととき」をもちます。

映画が公開されたおよそ三ヵ月後、南フランスのサントロペでバカンス中のドヌーヴを姉のドルレアックが突然訪ねてきました。なにげない時間を過ごしたのち、ドルレアックは自ら運転する車でニース空港に向かい、途中、自動車事故で亡くなってしまうのです。

その死は自殺も疑われました。

というのも、彼女は妹の成功への複雑な想いに加え、私生活でも悩みをかかえていたからです。姉が悲観的で落ちこみの激しい性質であることをドヌーヴは知っていましたから、あのとき自分に何かできたのではないか、自分の女優としての活躍が姉を苦しめたのではないか、と自分を責めます。

――私のせいじゃない、そう言い聞かせつつも自責の念に苦しみ続けたわ。事故の翌日、私は映画の撮影に出かけたのよ。絶望的な喪失感のなか、大量の精神安定剤を飲んで仕事に埋没していた。起き上がって撮影に出かけるという状況を強制的に自分に課さないとどこまでも落ちてゆきそうだったから。…自分がつぶれないためにそうするしかなかった。姉の死後、何年もの間、私にとって唯一の課題は、生き続けることを学ぶことだったのよ。

ドヌーヴの二十代、姉を喪ってからのちは、華やかな生活の陰の奥深くに「生き続けることが唯一の課題だった」暗く重い部分もあるのです。

Episode

2

難しい仕事だと思った。だからこそやりたかった。

二十代の仕事についてドヌーヴは言っています。

――ジグザグに進んでいく。それが私のやり方ね。

たしかに、『シェルブールの雨傘』でスターになった二十歳から三十歳までの十年間、彼女がヒロインを演じたおもな作品を眺めると、その多様性に驚かされます。

彼女をスターにした『シェルブールの雨傘』は戦争で引き裂かれた恋人たちの物語。すべてのセリフが歌で構成されているユニークな映画です。

この映画で演じたのは、悲劇のなか、可憐な少女から凛とした大人の女性へと成長する美しく清潔なヒロイン。世界中の人がうっとりと憧れました。

ところが次作の『反撥《はんぱつ》』で、ドヌーヴは世界中のファンを驚愕《きょうがく》させます。

彼女が演じたヒロインは、性へのダークな欲望にあおられ、二人の男を殺して発狂するエキセントリックな女性。

——難しい仕事だと思った。だからこそやりたかった。

次の『ロシュフォールの恋人たち』では、恋と夢でいっぱいのヒロインを演じたので、ファンはほっとしたかもしれません。

けれど、またしても次の作品『昼顔』は衝撃的でした。ドヌーヴ二十三歳。本人も「代表作のひとつ」と言っている映画です。

ヒロインは裕福な医師の妻で、倒錯的な性への願望があり、夫の前ではそれを見せずに、昼間、娼館で働くことでそれを満たすという女性。

レイプやSMシーンのある問題作ですから、かなりの覚悟が必要でしたが彼女は挑みます。

――女優という仕事に必要なのは実際の自分とはまったく違う人間を表現する勇気。


映画は「戦慄するほどに美しい」と絶賛され、ヴェネツィア国際映画祭でグランプリを受賞しました。この映画で衣装を担当したのがイヴ・サンローラン。映画のヒットもあって、ドヌーヴとサンローランのペアが世界中に知られました。ミリタリーコート、黒いエナメルのコート、白い襟と白いカフスのブラックドレス…。いまや伝説です。

『昼顔』で世界中を驚愕させたのちの二十代の出演作は『暗くなるまでこの恋を』(男を滅ぼす宿命の女)『哀しみのトリスターナ』(薄幸の残酷な女)『ロバと王女』(童話の美しい王女さま)『モン・パリ』(夫が妊娠するというコメディの妻役)……と多様です。

――私は自分を感動させるものに忠実でありたい。

感動する脚本があれば、その感動に忠実に、それがどんな役柄であってもチャレンジする。その結果、まったく色彩の異なる役柄を演じることになったのでしょう。

Episode

3

美しさは特権なんかではない。
むしろその逆の場合もありうるのよ。
それをわかった上で
行動しないと危険だと思うわ。

ドヌーヴが多様な役にチャレンジし続けた、その原動力のひとつには、美貌に対する悩みもあったのではないかと考えられます。

二十歳で一躍有名になってから現在まで「美しい女性」の代名詞的存在であり続けていますが、二十代、いわゆる外見の美しさ、美貌の頂点にあったときは、容姿だけで判断されることに対して絶望的な欲求不満のなかにいました。

――美しさは特権なんかではない。むしろその逆の場合もありうるのよ。たしかに美しさは人生の扉を開けてくれるかもしれない。多くの人が微笑みかけてくれるけれど、それはその人の中身ではなく外見だけに微笑んでいるだけのこと。それをわかった上で行動しないと危険だと思うわ。

たとえば誰かに「美しいですね」と言われる。けれど彼女はそれを「美しいですね。でもそれだけ。中身のない退屈な女」という意味に受けとっていたのです。

内面も見てほしい、演技力もある、女優としての実力がある。

それを証明したいという想いをかかえながら、彼女は多様な役にチャレンジしていたのでしょう。

カトリーヌ・ドヌーヴの二十代

同じイメージのなかで凍りつくことを避け続けたシーズン

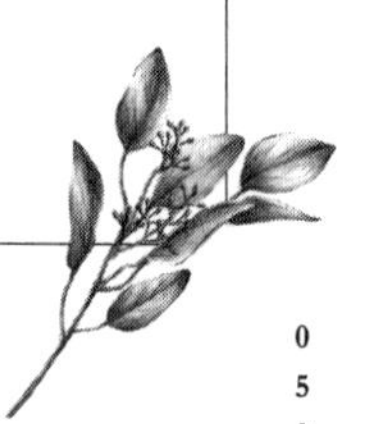

美しい外見ばかりが褒められることが悩み。これを「贅沢な悩み」で片づけてしまうのは怠慢でしょう。外見だけで完結してしまって、内面に目を向けてもらえない苦しみもある。本人に寄りそって見れば、その悩みは深刻なはずです。「見た目は綺麗だけど中身はない人」と見られている劣等感がつねにあったのですから。

ドヌーヴは、「美しいですね、でもそれだけ」が嫌で、「才能豊かで魅力的」と、その内容を賞賛されることを望んでいた。美しいだけで成立する役ではなく、複雑な役を演じることに情熱を注いだ背景には、そんな願望もあったのではないでしょうか。

そうすることで自分の望みに近い評価を得られるようになってゆき「美しいですね」と言われても「でもそれだけ」がしだいに小さくなっていったのではないかと思うのです。

そんな彼女の仕事の選び方はほんとうに「ジグザグ」でユニークです。

——過去の栄光に満足するなんて嫌。私はなんであれ凍りついたものが恐ろしいの。

一作前の作品も過去なので、それに縛られて凍りつかないために、イメージを固定しないために、さまざまな役に挑戦したのでしょう。スキャンダラスな役が過去の栄光を破壊することになったとしても。とはいえ、もちろん不安もありました。

——不安になって、ためらうこともある。でも私の場合、最後には好奇心のほうがうち勝つという感じ。自分にとって刺激的なこと、自分が楽しめるということが、なによりたいせつなの。

女優という職業にかぎらないでしょう。

同じイメージのなかで凍りつくことを避けて、ジグザグに進んで、不安より好奇心を優先させる。それがなにより自分を楽しませてくれる。

彼女の二十代の仕事とその背景にある彼女の想いは、そんなことを語りかけているように思います。

Françoise Sagan

フランソワーズ・サガン

（1935―2004）

人は孤独のなかで生まれ、
孤独のなかで死んでゆくのです。
その間はなるべく孤独にならないように
努めるわけです。

フランソワーズ・サガン。彼女は「孤独」をテーマに美しい作品を生み出したフランスの作家です。

十八歳のときに書いたデビュー作『悲しみよ こんにちは』が世界的大ベストセラーとなり、莫大な印税を手にした彼女の、驚くべき若さと才能、気ままに遊びを楽しむライフスタイルに多くの若い人たちが憧れました。サガンは流行作家にとどまらない、時代のアイコンでした。

作家としての活動はデビューから六十九歳で亡くなるまでのおよそ五十年間。二年に一度のペースで小説を中心に戯曲、エッセイなどを発表し、新作が出るたびに話題の人となりました。海外でも多くの作品が翻訳されていますが、訳者 朝吹登水子《あさぶきとみこ》の名訳の功績もあって、日本にもサガンのファンは多く、一九七八年の夏の終わりに来日した際の講演には、定員二千人のところに二万数千人の応募がありました。

生涯書き続けた小説のテーマは「孤独」と「愛」。

――私はある感情が生まれ、死ぬまでのことを描きたい。そのために一生を費やす。

彼女の人生の中心にはいつも「書く」ことがあり、それが彼女の支柱となっていました。

＝死ぬまで私は書きます

サガンは一九三五年六月二十一日、フランスに生まれました。家は裕福で、三人きょうだいの末っ子の彼女は、家族からの愛情をうけて幸福な少女時代を過ごします。

文学的にはかなり早熟で、十代の半ばにはスタンダール、プルースト、カミュといった作家を読破していましたが、十五歳の夏、海辺でなんとなく広げた一冊の本によって「雷にうたれたような体験」をします。詩人ランボーの『イリュミナシオン』でした。

——言葉が私の上に降りかかってきた。こんなことを書いた人がいるのだ。それはまさに地上の美であった。…文学こそすべてなのだ。最も偉大な、最も非道な、運命的なもの。そしてそうと知った以上、ほかにすべきことはなかった。ようするに、私はその朝、自分が何よりも愛するもの、今後一生愛し続けるであろうものを発見したのだった。

そして十八歳の夏、はじめての小説を書きます。執筆期間は六週間。タイトルは『悲しみよこんにちは』。

「ものうさと甘さとがつきまとって離れないこの見知らぬ感情に、悲しみという重々しい、りっぱな名をつけようか、私は迷う」…印象的な書き出しから始まる小説です。

原稿を出版社にもちこんだらすぐに出版が決まり、デビュー作が書店に並んだおよそ二ヵ月後、権威ある「批評家賞」を受賞、大きな話題となります。

文学界で多大な影響力をもつ作家フランソワ・モーリアックは次のように絶賛しました。

「こんな残酷な本に賞を与えていいのか、という声もあるが、私はそうは思わない。これは過剰なまでの才能をもった少女が書いた作品であり、聡明な獰猛《どうもう》さを感じる」

初版は四千五百部、それが同年十二月には二十万部、そしてやがて百万部に達し、さらに二十五カ国に翻訳され、サガンは十九歳にして、五億フラン（約三百六十億円・当時）という莫大な印税を手にします。

無造作なファッションでバカンスを楽しむサガン、ナイトクラブでブラックドレス姿で煙草を吸いウイスキーを飲むサガン、スポーツカーに乗るサガン…。

彼女の行く先々にはカメラマンがつきまとい、彼女の写真が新聞雑誌を飾り、それはまるでスター女優のようでした。

――死ぬまで私は書きます。本が売れなかったとしても。

晩年は健康を害し、二〇〇四年、六十九歳で病気のため亡くなりますが、ベッドのなかで最後まで新しい小説の構想を書きつけていました。

作品については、熱狂的なファンはつねにいましたが、非難する人もまた、いました。世界では重要な事件が起こっているというのにサガンが書くものは中流階級の狭い世界の恋愛話ばかり、作品において政治参加していない、というのです。

――私は貧困や金銭的な難問題を経験したことがない以上、自分の知らない、あるいは自分が直接感じたことのない社会問題を語ったりして、俗に言うように、うまく金儲けをすることはしないと思うのです。

人間の孤独と愛をテーマに書いた作家にとって、ひとりの人間を深く掘り下げることが、なにより重要なことでした。そんなサガンの作品には、恋愛観にしても幸福観にしても、思いもよらない角度から光が当てられていて、読者の思考をうながす深い何かがあります。そして人間の孤独に向けられたまなざしが、どこまでも深くてあたたかいのです。

――人は孤独のなかで生まれ、孤独のなかで死んでゆくのです。その間はなるべく孤独にならないように努めるわけです。孤独からどのように人が逃れようとするのかが私にとって、もっともたいせつなテーマなのです。

――あなたは夜、怖がりますか？

私はこれまでの人生、何度サガンに救われたかわかりません。どの作品にも、いつだって私の居場所がありました。そして、いつだってやさしく抱擁されました。

あれは二十代の終わりのころだったでしょうか、ある夜に号泣したことが思い出されます。サガンの九番目の小説である『心の青あざ』のなか、彼女が読者に直接問いかけている箇所を読んだときのことです。

――あなたがた、親愛なる読者たちよ、あなたがたはどんなふうに生きているのですか？人生によって動きがとれなくなってしまう以前に、あなたは誰かを愛しましたか？それから、あなたのほんとうの目の色を、ほんとうの髪の色を言ってくれた人がいましたか？

それから、あなたは夜、怖がりますか？……

みな誰もが孤独を感じ、あなたと同様、ほとんど死以上に生きることを怖れているのだということを、あなたは知っていますか？

やさしい孤独につつまれた彼女の声が私の孤独にふれたのでしょう、私の心の奥を知っているかのような問いかけに、どうしようもなく涙がとまらなかったのです。

「読者にどんなものを残したいですか？」と問われてサガンは次のように答えています。

——彼らの問題を和らげるような、やさしい、あるいは叙情的な答えをあたえる声をそこに認めてくれる人が五、六人でもいれば、それだけでいいと思っています。

時を超えて、彼女と親密な会話を胸のなかで何度もして、私のように救われている読者は、いったいどのくらいいるのでしょう。

サガンの二十代はデビュー作がベストセラーとなったところから始まります。早咲きの彼女が二十代をどのように過ごしたのか、三つのエピソードを通して見てゆきましょう。

Episode

1

書きたい、言葉を使いたい。私は言葉が好きなのです、存在する言葉の九割は好きです。

「作家の二番目の本を待つ」という言葉があります。興味と、ちょっとした意地悪なきもちや希望が含まれている言葉です。

――私、この次の小説が出るのを、みんなが機関銃をもって待ち受けているってこと、知ってるわ。

クールなかんじで、彼女は言っていましたが、デビュー作で世界的な名声を手にした二十歳の彼女のプレッシャーがどれほどのものなのか、想像するだけで息苦しくなってきます。

注目され、映画女優のようにカメラマンに追われ、賞賛され、そして誹謗中傷もされていました。デビュー作は本人が書いたのではない、という噂まで流れていたのです。

あまりに騒がれたことについて次のように言っています。

——自分には責任がないと思いながらも罪悪感さえいだいたくらいです。一瞬だけ、ああ、これが名声か、と思いました。不思議なことに嬉しくありませんでした。

デビュー作がまぐれ当たりではないことを証明しなければなりません。『悲しみよこんにちは』以上のものを書かなければなりません。

一九五六年、二十一歳。待ちに待たれた第二作『ある微笑』が出版されました。ファンは祈るように、アンチ・サガンは意地悪な希望をもって、本に飛びつきました。そして第二作はデビュー作以上の絶賛を、一流の批評家たちから受けたのです。

二作目の成功によって、才能が本物であることが証明され、彼女は文学的な地位を獲得しました。

プレッシャーのなか、いったいどのようにして前作を超えるような作品を書いたのか。こんな問いに答えはないけれど、次の言葉からなにかがくみとれるような感があります。

――書きたい、言葉を使いたい。『悲しみよ こんにちは』を書き始めたときにしたいと思ったことは本当にこれだけです。私は言葉が好きなのです。存在する言葉の九割は好きです。

デビュー作で人生が一変しても、どんなにもてはやされ注目され、そして次の作品のプレッシャーがどんなに重くのしかかってきても、もちろん苦しくなることはあったでしょうが、そのたびに、言葉への愛を抱きしめることで、物語を綴《つづ》ったのではないかと思うのです。

Episode

2

やさしさのない人とは、相手ができないことを求める人です。

若くて有名人でお金持ちで、そのお金を気前よくみんなのために使うサガンのもとには、多くの人が集まり、彼らは「サガンの仲間たち」と呼ばれていました。

彼女は彼らとナイトクラブで飲んで踊って、ギャンブルに興《きょう》じて、南フランスのサン・トロペでバカンスを楽しみました。

そういった、周囲から見れば派手な生活を、サガンは「お祭り騒ぎ」と呼び、それがとても好きでした。

二十代をばか騒ぎしながら、語り合いながら過ごして、生涯離れなかった親友は何人かいますが、彼らには共通点がありました。「やさしい人」であるということです。

――やさしさのない人とは、相手ができないことを求める人です。

――友だちというものは、あまり無関心でいると失ってしまうけれど、理解しようとしすぎても失ってしまうのです。

人は友だちに対して、相手のことを思ってのことだとしても、何かしら忠告めいたことを言ってしまいがちです。その忠告には、相手ができないことがふくまれていることが多く、それをサガンは嫌いました。

彼女が友だちに求めたのは、お互いのすることを裁かないこと。見逃すこと。よけいな口出しをしないこと。そして、相手ができないことを求めないことでした。

Episode

3

恋愛とは、まずは自分を語りたいという欲求であり、
自分が存在していること、
しかも魅力的に存在していることを、
他人の視線のなかに認めたいという欲求なのです。

サガンはその生涯で多くの人を愛し、愛されました。二度の結婚と離婚を経験していて、二度目の結婚相手との間に息子が一人います。

そんな彼女のはじめての本気の恋の相手は、ギィ・シェレールという名の敏腕編集者。二十歳年上の知的な快楽主義者で、サガンが小説に描き出していた男性によく似ていました。あやふやな関係が続き、サガンは彼としばらく距離を置こうと考え、南フランスに滞在していました。そこでスピードの出し過ぎによる大事故を起こしてしまいます。

大きなニュースになりました。彼女は瀕死の重傷を負い、生死をさまよいます。

この事件は、あいまいな関係を急速に発展させ、サガンの回復を待ってふたりは結婚します。市役所で式をあげたふたりを二百人ものカメラマンと記者たちが待ち構えていて、それはまるで新刊の宣伝イベントのようでした。サガン二十三歳のときです。


けれど結婚生活はうまくいきません。ふたりとも強い個性のもち主であり、それぞれのライフスタイルがあり、生活時間帯も交友関係もまるで違いました。

結局一年ちょっとで離婚します。一緒に過ごした時間はそれほど多くはありませんでした。

——結局、結婚というものには単純な選択が存在しているのです。妥協を重ねながらでもその人と暮らしていたいか、あるいは一緒に暮らした場合の妥協の苦しさがふたりでいるときの楽しさを超えてしまうか、どちらかなのです。


短い結婚生活ではあったけれど、サガンは徹底的にふたりの関係を見つめていました。

「恋愛」をテーマに書いている作家です。そこは自分自身に容赦がありません。めずらしくふたりで夕食をとっていたときのこと。サガンは気づいてしまいます。その日の出来事でもなんでも「彼に話したいことがない」ということに。

——恋愛とは、まずは自分を語りたいという欲求であり、自分が存在していること、しかも魅力的に存在していることを、他人の視線のなかに認めたいという欲求なのです。

——愛とは、あなたにどんなことが起ころうとも、相手にこのことを話そう、とか、一緒に来られればよかったのに、と思えることです。

サガンにとって、「話したいことがない」という事実は決定的でした。それは彼女が大嫌いな「退屈」につながったからです。

——ふたりの関係が終わりだと感じるのは、退屈しだすときです。

破綻《はたん》した結婚については、かなりつらかった、とふり返っていますが、この経験から多くのことを吸収し、それらは作品のなかに描かれてゆくことになります。

フランソワーズ・サガンの二十代

「お祭り騒ぎ」のなか文学的地位を確立したシーズン

サガンの二十代は、莫大な印税を手に、有名女優のようにカメラマンに追い回されながら、陽気な仲間たちと「お祭り騒ぎ」を楽しんだシーズンでした。

彼らの支払いはすべてサガンがしていたため、たかられている、いいように利用されているだけ、と忠告する人もいました。けれどサガンにその感覚はありませんでした。

――お金に恵まれているのであれば、お金は使うためのものです。私の常識からすると、そのお金を必要とする人たちと分け合うものです。

もちろん、なかには嫌いな人もいました。けれど、それは彼女が嫌いという感情をいだいているだけの話であって、その人自体を裁くようなことはしませんでした。

——私の本のなかには悪人も善人もいません。私にとってはどんな人も脆《もろ》くて弱いのです。自分が脆くて弱いから、彼らのことを好きであろうと嫌いであろうと「脆くて弱い人間が、精一杯に生きている」というまなざしで見つめていたのでしょう。

若さもあり、周囲から見れば、お説教のひとつでも言いたくなるライフスタイルだったでしょうけれど、二十代の「お祭り騒ぎ」シーズンをふり返って言っています。

——これから何が起ころうと、私の人生のその一時期はいつになっても絶対に後悔しないという確信があります。

「お祭り騒ぎ」のなか、彼女は二年に一度というペースで新作を発表しています。『ある微笑』、『一年ののち』、『ブラームスはお好き』…、すべてが一流の批評家から高く評価され、ベストセラーとなり、そして世界各国、多くの読者を魅了しました。

私も何度も読み、何度も救われた大好きな小説たちです。登場人物は、欲望や情熱にかきたてられながらも、いつもその背景にはしんとしずまった淋しさ、ひとりきりで眠ることへの恐怖…たえまのない孤独が広がっていて、もの哀しい旋律が聞こえてくるようです。

どんなにはちゃめちゃなライフスタイル、「お祭り騒ぎ」のなかでも、その中心にはいつだって書くことがあったからこその作品群だと思います。

悪友たちがリビングで酔いつぶれているとき、ひとり机に向かっている姿がうかびます。

二十代、めちゃくちゃに遊んでふざけていたシーズンのなか、人々の孤独を、自分自身の孤独をしずかに見つめ、作品に描き出していた彼女に、文学への深い愛を感じて、なにかとてもすばらしいものにふれたときの、心の底がふるえるような感覚をいだくのです。

Vivienne Westwood

ヴィヴィアン・ウエストウッド

（1941—2022）

大事なのは人目を引くこと。
即行動すること。
そして物事と関わり合うことよ。

ヴィヴィアン・ウエストウッド。彼女は「パンクの女王」と呼ばれる、イギリスが誇るファッションデザイナーです。

二〇二二年の十二月二十九日、彼女が八十一歳で亡くなったとき、その死を惜しみ、功績を讃える声が世界中から発信されました。

ココ・シャネルやイヴ・サンローランと同列でその名が語られるほどの功績があるヴィヴィアンですが、ほかのデザイナーと彼女を区別しているのは、「ファッションで社会的メッセージを伝える」ということでしょう。

——私がファッション界にいる唯一の理由は、『服従』という言葉を打破するため。その要素がないものに私はまったく興味がない。

彼女はファッションを通して、政治問題、環境問題に対する自分の考えを、「世の中をよりよくする」ためのメッセージを、強烈に発信し続けた、反骨精神あふれるデザイナーです。

「パンクの女王」からのメッセージ

ヴィヴィアンは一九四一年、イギリスの労働者階級の家に生まれました。「両親には恵まれたわ」と言う通り、平和で堅実な家庭に育ちます。

――五歳のころから靴が作れるくらいの才能があったのよ。

幼いころから裁縫、刺繍、人形作り、絵を描くことが好きだった少女は、長じて美術学校に入学しますが一年で退学。絵では食べていけないと判断したからで、教員養成学校で学びます。デザイナーとして生活ができるまで、彼女は小学校の教員として働いています。

「パンクの女王」と呼ばれるヴィヴィアンですが、パンクをともに創った相手、マルコム・マクラーレンに出会うのは二十四歳のとき。重要な出逢いでした。

パンクは音楽の一つのジャンルですが、音楽だけではなくファッション、生き方にまで影響を与えた一九七〇年代後半から八十年代初頭のカルチャームーブメントで、それを創り出し、先導したのがヴィヴィアンとマルコムです。

――パンクが誕生して唯一良かったことは、政府を信用してはいけないという思想を世の中に伝えたこと。みんな自分の頭で考える能力があるのよ、って教えたことね。

パンク誕生の地はヴィヴィアンとマルコムのブティックです。

場所はロンドンのキングスロードで、「ミニの女王」マリー・クワントが十六年前にブティックを開店したことで最高におしゃれなファッションストリートとなっていました。

オープンは三十歳のとき。このブティックは、そのときどきの信条に合わせて次々と名を変えているのですが、もっとも悪名高く、地元の人たちを激怒させた店名は「SEX」。

このブティックでヴィヴィアンが売り出したのは、過激なスローガン、セクシャルな絵柄、安全ピンや鳥の骨などがコラージュされたTシャツ、短いタイトスカートや穴のあいたニット、下着のようなワンピースなど、良識ある人たちが激怒するような服でした。

「セックス・ピストルズ」という名の伝説のパンクバンドがあります。これはマルコムがプロデュースし、ヴィヴィアンが衣装や歌詞を担当して世に送り出したバンドです。メンバーの薬物過剰摂取による事件や死で短命に終わったこのバンドのことを「悲しすぎて…」と、彼女は生前語りたがりませんでした。

けれど当時はバンドが強烈な広告塔となり、彼女のブティックは体制に反抗する若者たちの聖地となり、ヴィヴィアンとマルコムのカップルは彼らのカリスマとなり、ヴィヴィアンの服を着ることは、反政府的な人間であることの表明となったのです。

——私たちはようやくバカな政治家が人々を苦しめている現状に気づき始めたの。世界は残虐で、汚職にまみれたおぞましい状態にある。それを操っている愚かな人間がたしかに存在している。パンクは彼らの悪行《あくぎょう》を若者の力で阻止しようというのがそもそもの始まりだったの。私は若者に気づきを与えて、それが反政府活動に発展するように、そういうきもちで服作りをしてきたのよ。

テーマはその時代の社会問題

ファッションを通じて社会的メッセージを伝える。
これは彼女の服作りの原点であり、その後もずっと続くスタイルとなります。
五十歳、一九九〇年、九十一年と続けてイギリスの「デザイナー・オブ・ザ・イヤー」の最高賞を受賞したとき彼女は言いました。

――自分が認められたことが嬉しい。

四十歳のときにパリコレにデビューし、本格的にデザイナーとしての活動を開始しますが、あまりにもエキセントリックなデザインであったため、一部の人以外にはなかなか受け入れられなかったからです。あからさまにバカにされることもありました。
二〇〇六年、六十五歳のときには大英帝国勲章DAME《デイム》を授与されています。

――表現方法が変わっても、体制への批判というテーマは変わらないわ。

彼女のコレクションはいつもその時代の社会問題をテーマにしてきましたが、七十歳以降は環境保護がメインになってきます。コレクションのテーマからも明らかです。「気候革命」「北極を救え」「すべてのことはつながっている」「熱帯雨林を救え」…。消費奨励のファッション界にいながらの環境保護。この矛盾を彼女はもちろん承知していて、悩みどころでもあるのですが、消費者には次のようなメッセージを送っています。

――むやみに買わない。上手に買い物をして、それを長く使うこと。

ヴィヴィアンが七十三歳のときに出版された自伝があります。彼女が人生に果敢に挑む姿に圧倒されますが、私にとって興味深かったのは、彼女がとても本好きだったこと。

――私が昔から変わらず続けていることは、考えることと本を読むことよ。やるべきことはたくさんあるし、仕事に終わりはない。けれど、本を読まなければ、たったひとつの人生しか経験できない。私は本を読むことで多くの人生を体験してきたの。

多くの文学書、哲学書に親しんできた彼女が晩年、「生きていくためにー番ためになる本」として挙げているのが『ピノッキオの冒険』。

――人生哲学があるの。生きる方法が描かれているのよ。

二〇一八年、ヴィヴィアンが七十七歳のときに公開されて話題となった『ヴィヴィアン・ウエストウッド 最強のエレガンス』は、反骨精神いっぱいの彼女が鮮やかに描かれている魅力的なドキュメンタリーです。

二十五歳年下の、夫であり共同制作者のパートナーと服作りをし、精力的に生きている姿は「かっこいい」という言葉がぴったりです。

――なぜ私がデザイナーになったか。多くの要素が絡み合っているけど、立ち上がって行動を起こさなければ、というきもちに突き動かされたのがすべての始まりだった。

ヴィヴィアンの二十代は、ブティック開店が三十歳ですから、そこにつながるシーズンということになります。三つのエピソードで見てゆきましょう。

Episode

1

若くして結婚し、きもちが相手から離れてしまったとして、すべてを終わりにすることは、はたして良識に欠ける誤った行為なのだろうか？

彼女の二十代は結婚から始まります。「私はいつだって理性的な選択をしてきたけれど、あの決断は別だった」とのちにふり返っている、そんな結婚で、二十一歳のときでした。相手はダンスフロアで出会った二歳年上の男性で、人生をともにする、というまでのきもちはなかったのに結婚したのは、「私はまだ目覚める前だったから」。交際したら結婚しなくてはならないという真面目な家族の考えや、社会の風潮に流されてしまったのです。翌年には息子が生まれています。

平穏だけど物足りない想い、結婚生活への違和感をいだきながら日々を送っていた、そんなとき、弟が連れてきたアメリカ人の女性に会い、彼女から強い衝撃をうけます。

――彼女は政治に無知だった私の心に楔《くさび》を打ちこんだの。ヴェトナム戦争、イギリス王室問題、宗教や政治に対して彼女はすごく挑戦的だった。彼女によって私は変わった。そしてついに、この問いに行き着いたの。

もし若くして結婚し、きもちが相手から離れてしまったとして、すべてを終わりにすることは、はたして良識に欠ける誤った行為なのだろうか？

そしてヴィヴィアンは「誤った行為ではない」と自答し、夫へ別れを告げるのです。

現代においても、出産数ヵ月後に別れる人はまれでしょう。当時は精神を病んだのではないかと思われるほどの行動でした。もちろん両親はじめ周囲は大反対、非難されますが、彼女の決意は固いものでした。

これは「若い女性はこうあるべき」という常識に逆らって世間の非難をあびた、はじめての経験であり、彼女のパンク精神がはじめて現れたときだったかもしれません。

自分がおかしいと思ったことについて、しっかりと向き合って自分の頭で考え、決断するということ。たとえそれが常識から外れていたとしても、それは誤っていない、と判断したら行動に移すということです。

アメリカの友人はヴィヴィアンに政治に関心をもつきっかけと、「知的探究を深めたい」という想いを与えました。

友人からの刺激によってヴィヴィアンは世界で起こっていること、国内で起こっていること、政治の問題、貧困の問題、そしていま自分が生きている時代について強い関心をいだくようになります。

Episode

2

私がファッションを愛している理由は、ファッションを通して、自分が感じていること、考えていることを表明することができるからよ。

ともにブティックをオープンし、ともに「セックス・ピストルズ」をプロデュースしたマルコム・マクラーレンに出会ったのは、ヴィヴィアン二十四歳のときです。弟の友人で五歳年下、当時はまだ学生で「自称アーティスト」のマルコムは、とてつもない才能を感じさせる刺激的な人ではあったけれど稚拙で気ままで、横暴な性質だったので、ヴィヴィアンはパートナーとして彼を見ていませんでした。だから妊娠を知ったとき中絶しか選択肢はないと考え、ふたりで病院に向かいます。その途中のエピソード。

――私は彼の顔を見た。そして突然悟ったの。こんな才能あふれるすてきな人はどこにもいない。なのに私はいったい何をしようとしているの？私はどうかしていた、って。それで、私はターコイズブルーのセーターを着ていたんだけど、同じ色のツィードの布を買って、短いスカートを作ったの。すてきなスーツになった。とても気に入ったわ。これが私の決断よ。子どもを産むことにして、すばらしいスーツを作ったの。

このエピソードは、のちのヴィヴィアンの言葉につながります。

――私がファッションを愛している理由は、ファッションを通して、自分が感じていることと、考えていることを表明することができるからよ。

ターコイズブルーのスーツにすでに表れています。

才能ある人の子を産むと決意したこと。そんな自分の選択が嬉しくて、迷いがきれいにふっきれたことが嬉しくて、彼女はそれを表明する服を作って、着たのです。

Episode

3

力強いファッションをすれば力強い自分でいられる。ファッションにはなりたい自分に近づくための力がある。

マルコムは才能はあるけれど、生活能力はまったくなく収入もなかったので、ヴィヴィアンは小学校教員として働いて家計を支えました。

最初の息子と生まれたばかりの息子、そして父親の自覚ゼロのマルコム。三人の息子をかかえたシングルマザーのような生活は経済的にも体力的にも苦しく、ぎりぎりの状態でした。

――私がマルコムにいいように利用されていたと思う人もいるでしょう。でも、あのころの私は彼のことを信じていたの。彼のアーティストとしての才能を、絶対的にね。

その才能に魅せられたのだから、ほかはどんなにダメでも見逃そうと決めていたのです。

――彼はハチャメチャなところがあったけれど、新しいものを探していた。その発見の旅に私も同行したいと思ったわ。それはまさに可能性を探す旅だった。

教員の仕事に育児、時間のないヴィヴィアンと違って自由なマルコムは、政治活動に熱を入れ始め、政府に反抗的なアーティストたちと行動を共にするようになっていました。

一九六〇年代、世界中の若者が熱狂したカルチャームーブメント「スウィンギング・ロンドン」の時代でした。「躍動するロンドン」という意味で、大人たちが作った堅苦しい社会通念への反抗、自由への意志が価値あることとされました。

アメリカでは若者たちがヴェトナム戦争反対の活動を行うなど、若い世代が政治に強い関心をいだいていた時代です。

可能性を探す旅に同行したかった、と言うヴィヴィアン。本人は仕事と育児で身動きがとれなかったけれど、マルコムを通して同世代の人たちの政治運動に興味をもち、マルコムや友人たちと議論し、自分には何ができるかを考えていた。つまり社会と関わっていたのです。

彼女は時間を作って、マルコムとロンドンのブティックをまわるのが好きでした。人目を引く奇抜なファッションで、ヘアスタイルもショートにして脱色し、ぼさぼさでツンツンした形にしました。これはのちに「クープ・ソヴァージュ（野生的な髪型）」と呼ばれ、かのデヴィッド・ボウイも真似したと言われています。

人々の視線を浴び、友人たちから賞賛され、ヴィヴィアンは気づきます。

…大胆なファッションで街を歩いているときの自分はなんて強いのだろう、大胆なファッションで街を歩ける自分はなんて強いのだろう…。

そしてたいせつなことを学んだのです。

力強いファッションをすれば力強い自分でいられる。ファッションにはなりたい自分に近づくための力がある。

ファッションと生き方の強い関係性、ファッションが自分にもたらす力を確信し、それがやがてブティックで開花するのです。

ヴィヴィアン・ウエストウッドの二十代

自らの体験によってファッションの力を見出したシーズン

三十歳でブティックオープンなので、彼女の二十代はデザイナー以前、職業は小学校教員で、結婚と離婚を経験し、マルコムとの日々のなか二人の息子を育てていたという、ちょっと生活疲れのイメージが強いです。

けれど、どんなに生活が苦しくて忙しくても、好きなファッションで街を歩くことで、人々の注目を集めることで、自分のなかに湧き立つエネルギーを感じることができました。

そしてマルコムを通してではあるけれど、政治・社会問題と関わり続けました。

――大事なのは人目を引くこと。即行動すること。そして物事と関わり合うことよ。

これはのちのヴィヴィアンの言葉ですが、二十代、生活に追われていたにもかかわらず、彼女は大事なことをしていたのでしょう。

長い人生のなかでは、学費を稼ぐためのアルバイトだったり、育児だったり親の介護だったり…さまざまな理由で、自分のために使える時間がないシーズンというものが、多くの人にあることでしょう。ヴィヴィアンの二十代はまさにそんなシーズンでした。

それでも、自分の時間なんてほとんどない状況のなかでも、彼女は時間を作って本をたくさん読み、時代の最先端の場所に顔を出し、刺激的な仲間たちと交流し、社会問題を考え、自分を表現するファッションで街を歩き、ファッションの力を見出していたのです。

自分のなかに芽生えたいくつもの萌芽に水をやり続けていて、それがブティックをオープンしたとき一気に開花するという、そんなイメージ。たいせつなシーズンだったのです。

元気な人だったのね、で終わらせてはいけないでしょう。

どんなに多忙でも、自分のための時間をなんとか作り出して、とにかく、何でもいいから行動すること、そこからすべては始まるのよ。彼女の二十代はそんなことを語りかけてくれるように私には思えるのです。

Audrey Hepburn

オードリー・ヘップバーン

（1929—1993）

不安や劣等感を
プラスに転じるための唯一の方法は、
集中力のある
強い性格を身につけることです。

オードリー・ヘップバーン。彼女は「永遠の妖精」と謳《うた》われ、世界中の人々に愛された女優です。現代においても驚くほど新鮮に、多くの人が彼女への憧れをつのらせています。

映画『ローマの休日』で鮮烈にデビューしたとき、映画監督のビリー・ワイルダーは言いました。「オードリーはたった一人で、豊かなバストを過去のものにするだろう」。

彼女は、細身の少年のような体、清純でコケティッシュな雰囲気という、当時のグラマラスな女優たちとはまったく異なる魅力で、新しい美の基準を作り出しました。

ジバンシィのミューズとしても知られていて、彼の衣装をまとったオードリーは目を見張るほどの魅力をはなち、『パリの恋人』、『ティファニーで朝食を』など数々の映画でファンを魅了しました。オードリーとジバンシィ、ふたりは伝説のペアとしてファッション史にその名を刻んでいます。

晩年はユニセフの活動に身を捧げ、その慈愛に満ちた姿に、人々は女優としてだけではなく、尊敬すべきひとりの人間としてオードリーを讃えました。

―名声よりも幸せな家庭を望んだ人

オードリーは一九二九年五月四日、ベルギーのブリュッセルに生まれました。十代の多感なときに陰惨《いんさん》な戦争を間近で体験、死の恐怖に怯え、この世にはひどい悲しみと恐怖があるということを、身をもって知りました。

この戦争の体験について次のように言っています。

――安全な暮らしが突然失われることもある、という現実を痛感させられたことで、どうしても失いたくないものは何なのか、真剣に考えるようにもなりました。…戦争によって、逆境に負けない強靭《きょうじん》さが身につきました。

両親は仲が悪く、幼いときに父親が家を出てしまい、オードリーは父親に捨てられたショックを長い間ひきずって成長します。

誰かと恋におちても「いつか、あのときのように捨てられるのではないか」と不安で、捨てられない努力をしてしまうようなところがありました。

幼いころから習っていたバレエが好きで、バレリーナを目指しますが、身長が高すぎるということで夢破れたのが二十歳。

女優の道に進み、二十四歳のとき『ローマの休日』のヒロインに抜擢《ばってき》され、初の主演映画でアカデミー主演女優賞という最高賞を受賞し、同年、舞台の最高賞であるトニー賞も受賞するというダブル受賞で一躍スター女優となります。


その後、十数年のあいだに十五本以上の映画で主役を演じ、三十代の終わり、家庭を優先させるため映画の仕事から遠ざかります。

――一生を振り返ったとき、映画はあっても子どもたちのことを知らなかったら、とても悲しい。私にとっては、子どもたちの成長を見ることほど楽しくてわくわくすることはありません。子どもの成長は、そのとき一度しかないのですから。

彼女は二度の結婚と離婚を経験していて、三十一歳のときに最初の夫との間に長男を、四十一歳のときに二番目の夫との間に次男を産んでいます。

愛情ゆたかな母親で、愛のたいせつさを基本に、さまざまなことを息子たちに伝えましたが、たとえば次の言葉にはオードリーの知性と優しさがよく表れています。

——すばらしい歌は歌詞だけではなく曲もたいせつでしょう。だからあなたが何を言ったかだけではなく、どのように言ったかがたいせつなの。

人生のラストシーズンは、最良のパートナー、ロバート・ウォルダーズに出逢い、彼の穏やかな愛につつまれた日々を送ります。ふたりは周りの人たちまでをも幸せな気分にしてしまうほどに仲が良く、どこへ行くにも、ユニセフの活動もすべて一緒でした。

六十三歳で、がんのため亡くなります。スイスのトロシュナにある生涯愛した家で、愛するひとたちに囲まれた安らかな最期でした。

――場の空気を上品にしてしまうような存在感

私が彼女の人生にはじめてふれたとき、もっとも胸うたれたのは、ユニセフとの出会いです。次の言葉に、なにかとても胸が熱くなったことを覚えています。

――私にできることはわずかですが、思いがけない贈り物をもらったきもちです。自分が有名になったのが、何のためだったのか、いまやっとわかったからです。多くの人々にユニセフを知ってもらい、世界の子どもたちを救うためだったのです。

自分がこの世に生まれてきた意味を、その使命を、彼女は五十八歳にして知ったのです。そして強い使命感のもと、世界各国を飛び回り、寄付を呼びかけ、飢饉に苦しむ地を訪問し、それをメディアに流すことによって悲惨な地に光を当て、多くの命を救いました。

彼女はスピーチ原稿をパートナーのロバートと相談しながら自分で書きましたが、「子どもたちを救いたい」という想いあふれる彼女のまなざし、静かだけれど強い主張のあるスピーチはとても心に沁みます。

――私は自分自身に問いかけます。あなたに何ができるか、あの国へ行って何をするのか。はっきりとは言えないけれど何かがあるはずです。千人の人の世話ができないことは事実です。けれど一人でも救うことができるなら、私は喜んでそうします。

彼女がユニセフ親善大使として活動していたのは、六十三年の生涯の最後の五年間。その充実度を考えると、たいせつなのは時間ではない、密度なのだとつくづく思います。

二〇二二年に公開されたドキュメンタリー映画『オードリー・ヘプバーン』は、華やかな笑顔の陰にある愛に飢えた心や勤勉さ、ユニセフでの活動に光が当てられていて、胸うたれるシーンがたくさんあります。

彼女は世界的スターにありがちな傲慢《ごうまん》さから遠くにいる人で、自分が褒《ほ》められると居心地悪そうにしてスタッフたちの名を挙げて彼らを褒める、謙虚でひかえめな人でした。けれど主張すべきときにはきっぱりと言いたいことを言うという強さもありました。

また、悪口や悪態は口にせず、一種の緊張感のようなものがつねにあって、それが一緒にいる人たちにも伝わり、オードリーがそこにいるだけで口汚い言葉は出にくくなるという、場の空気を上品にしてしまうような存在感がありました。

周囲の人たちを好ましい雰囲気で包みこみ、美しいものがもちうる価値をその存在で伝える、たぐいまれな資質がありました。

私はそれを気品と呼んでいて、彼女は気品という名のヴェールを生涯まとっていた人なのだと見ています。

気品のあるひと、オードリーは二十代をどのように過ごしていたのでしょうか。三つのエピソードで見てゆきましょう。

Episode

1

自分を客観的に見なくてはなりません。自分を一種の道具とみなして、何をすべきか決めるのです。

幼いころから習っていたバレエが好きで、将来はバレリーナになりたかったオードリーですが、あるときバレエの師から告げられます。

「あなたはセカンド・バレリーナとしてキャリアを積むことはできるでしょう。バレエ学校で教えて生計も立てててゆけます。けれどプリマ・バレリーナにはなれないわ」

その時代の男性バレリーナと組むには背が高すぎることが、おもな理由でした。

オードリー二十歳。彼女の二十代は大きな挫折から始まりました。

それでも、うちひしがれてベッドにもぐりこむとか、自暴自棄になるとか、そんな時間は一瞬もちませんでした。母娘ふたりの生活、稼がなければなりません。オードリーはすぐに次なる道を探ります。いったい自分には何ができるのか。

——自分を客観的に見なくてはなりません。自分を一種の道具とみなして、何をすべきか決めるのです。

ダンスができて舞台に立つことが好きだから、それを活かせる仕事ということで、ミュージカルの舞台のオーディションを受け、主役ではないにしても続けて二つの舞台に立ちます。容姿とスタイル、それにやはりバレエの基礎があったので魅力的な人材だったのです。

——いま思うと、二十歳のころは無我夢中でした。自分が何をやっているのか、さっぱりわからなかったって言っていいくらいです。

オードリーはこの時期、知り合いの年配の男性から助言を受けていて、それを成功してからも忘れませんでした。

進むべき道を模索しているオードリーに彼は言いました。

「本能に従いなさい。自分が正しいと思ったならそれは正しいのです」

やがて映画の仕事のほうがお金が稼げるということで、映画に端役《はやく》で出演するようになります。無名時代に六本ほどの映画に出演しています。

オードリーの知らないところで、映画界の有力者たちが彼女に注目し始めていました。そして無名時代最後の作品となった映画の撮影中に、彼女の運命が大きく動くのです。

Episode

2

仕事の上で
経験が不足していることは知っていました。
けれど、少なくとも私は、与えられたことができる
ようなふりをしたことは、一度もありません。

それは彼女が二十二歳のときでした。

端役として出演した映画の撮影中に、偶然そこを通りかかった老婦人から声をかけられます。フランスの有名作家コレットで、彼女はオードリーを見た瞬間「見て！　私のジジがいるわ！」と小さく叫びました。ジジとはコレットの代表作のひとつ『ジジ』のヒロインの名。立派なレディに育てたいという祖母の厳格な躾や、礼儀作法のレッスンが嫌でたまらない十五歳のおてんばな女の子です。

撮影の休憩中に仲間と笑ったりダンスをしたりしているオードリーを見て、コレットはジジにぴったりと思い、ジジ役に誘います。

——仕事の上で経験が不足していることは知っていました。けれど、少なくとも私は、与えられたことができるようなふりをしたことは、一度もありません。

この言葉通り、ニューヨークのブロードウェイでの主演という、誰もが夢見るオファーを受けたとき、オードリーはコレットに「踊ることはできますが、舞台で演技をしたことがないのです」と言いました。

そんなオードリーにコレットは言います。

「演技なんて学べばいいのよ。バレエのレッスンの厳しさを知っているのだから、できるわ。私はあなたを信じるわ。一流の宝石になるまでは耐えて、理想をもち続けることよ」

オードリーはコレットに励まされ、ジジ役を引き受けます。

オードリーの女優人生、いくつもの難しい役柄はありましたが、この初舞台ほど、主役に要求される力量と本人の実力がかけ離れていたものはないでしょう。オードリーが言うように、舞台の経験がないのに、初舞台がブロードウェイ、しかも主演なのです。

コレットからの推薦ということでオードリーを受け入れた制作スタッフですが、彼女がセリフを読むのを聞いて、あまりにも素人であることに愕然《がくぜん》とします。

苛立ったプロデューサーがオードリーをクビにして、代役がいないから仕方なくチャンスを与え、またクビにする、ということが舞台の初日まで繰り返されたというのですから、彼女にとっては過酷な状況でした。舞台初日の数日前、ある新聞記者に言っています。

——私、とてもこわいのです。ほかの人たちは無名のときから豊富な舞台経験を積んでいるけれど、私は舞台の訓練をまったく受けていないのです。

一日十八時間のレッスンがひと月続きました。

周囲からの心配そうな視線をあびて、そして自分には自信なんてまったくないという状況、精神状態はぎりぎり。それでもオードリーは崩れることなくレッスンを続けました。

――いまは『ジジ』の初日のためだけに生きています。それは私の全人生です。ほかには何もありません。生きるか死ぬかです。

彼女はその苦労については多くを語っていませんが、次のように言っています。

――バレエのレッスンの厳しさに慣れていなかったら、この舞台の途方もないレッスン量にはとても耐えられなかったでしょう。はじめて舞台で主役を演じるというのに、三週間しか時間がなかったのですから。

結果、ほとんどの批評家がオードリーを絶賛、舞台は大成功でした。

けれど彼女はとても謙虚で、コメントを求められると、舞台監督や共演者といった自分以外の人たちを賞賛し、「私はダンサーと女優の中間といったところです。学ばなくてはならないことばかりです」としずかに答えました。

Episode

3

私は自分を美人だと思ったことはありません。

ブロードウェイでの主演と同時期にオードリーを一躍世界的スターにする『ローマの休日』の主演が決まります。写真に撮られる機会もぐんと増え、オードリーは容姿に対するコンプレックスと徹底的に向き合います。

――私は自分を美人だと思ったことはありません。

これは本心で、彼女はコンプレックスだらけでした。痩せすぎている、骨ばっている、胸がない、背が高すぎる、足のサイズが大きい、鼻孔が大きい、四角い顔をしている…。

コンプレックスは周囲が決めるものではなく、そのひと自身が「感じる」ものなのです。

――一個の道具のように自分を分析するのです。自分自身に対して百パーセント率直でなければなりません。欠点から目をそらさずに正面から向かい合い、欠点以外のものに磨きをかけるのです。

顔に関して言えば、鼻と四角い顔が嫌だったので、それを目立たせないために、目のメイクが重要となりました。彼女は「世界一美しい目のもち主」だと賞賛されましたが、そのたびに「いいえ、世界一美しい目のメイクです」とヘアメイクの人を讃えました。

また、写真家と相談して、どの角度から撮ったら鼻や顔の輪郭が目立たないか、といったことを研究しました。

欠点以外のところに徹底的に磨きをかけることによって、彼女は世界中の女性たちの「美のモデル」となってゆくのです。

プロのヘアメイク、写真家、そしてジバンシィといったファッションデザイナーの力が大きく貢献していますが、ここでふれておきたいのは、オードリーは無名時代からコンプレックスと向き合い、自分をより魅力的にするための努力をしていたということです。

――黒や白、ベージュやピンクのような淡い色は、私の目や髪を引き立てるけれど鮮やかな色では自分が色あせて見えてしまう。丸みのない体つきだからパッド入りの服は着ないほうがいい。広い肩幅を目立たせないために襟もとに工夫が必要。身長を高く見せないように、大きな足が目立たないように、ローヒールの靴を履くこと……。

のちにファッションアイコンとなるオードリーは、デビュー前から「ファッションの掟」は万人に共通のものではなく、個々に作るものだということを知っていたのでしょう。

自分を魅力的に見せるための絶え間のない努力という下地があったからこそ、スターとなってからも、各分野のプロたちからアドバイスされるだけではなく、自ら提案をし、彼らにインスピレーションを与えるミューズとなったのです。

オードリー・ヘップバーンの二十代

「努力に対する自信」で自分を支えたシーズン

彼女の二十代は女優という観点から見れば恵まれていました。舞台や映画のオファーは途切れることなく、つねに注目を浴びていたからです。

経験が浅いのに舞台や映画で主役を演じることになったり、スターとなってからも一流のダンサーと共演することになったりと、実力以上のものを求められたとき、彼女は経験がないところはレッスンという名の努力でカバーする、と決意して、周囲の人が心配するほどにレッスンに励みました。

――不安や劣等感をプラスに転じるための唯一の方法は、集中力のある強い性格を身につけることです。

私は私なりの精一杯で努力をしている、という「努力に対する自信」だけが自分を支えられる、そう信じて、強い性格を身につけることがたいせつなのだと、自分に言い聞かせて、彼女はひたすらに努力していたのでしょう。

――私はいつも、頭のすぐ上にあるものに手をのばしてきました。それがつかめたのは、私がつかむチャンスを逃さなかったから、そしてものすごくがんばったからだと思います。何でも簡単には手に入らないのです。

人生には努力してもなかなかチャンスが訪れないシーズンもあります。そこまでは望んでいないほどのチャンスが次々と訪れ、能力以上のことが求められるシーズンもまたあります。

そんなとき、チャンスを逃すことなくつかんで、けれどできるふりをすることなく、とにかくそのときの自分ができる最高のことをするということ。

プレッシャーも甚大《じんだい》だけれど、要求されるものが大きければ大きいほど達成感も大きい、それをする価値はある。

目の前に次々と現れるハードルを最大限に美しく超えるために懸命に努力して、成果を出した彼女の二十代はそんなことを語ってくれているように思います。

Coco Chanel

ココ・シャネル

(1883―1971)

私はこうなりたいと思い、その道を選び、
そしてその想いをとげた。
そのためにしたことで、
人に嫌われたり、
いやな女だったとしてもしかたない。

ガブリエル・シャネル。彼女はココという愛称で知られるシャネル社の創業者であり、「働く女の先駆者」として尊敬されている偉大なファッションデザイナーです。

十九世的なスタイルをすべて葬り去ったことからフランスの作家ポール・モランは彼女を「皆殺しの天使」と呼びました。

「モードではなく、私はスタイルを作り出したのだ」とシャネルは言いました。

モードは変わるもの、流行にすぎないけれどスタイルは違う、と彼女は考えていて、スタイルという言葉に、もっと普遍的な、「生き方」という意味をこめていました。新しい時代の生き方、自由に自らの人生を生き、その責任も負う、そういう生き方です。

シャネルは、女性は男性の従属物ではない、仕事をして自立し、男性と対等に生きられるのだ、ということをファッションと自分自身の生き方を通して女性たちにうったえ、「女の生き方革命」までをもなしとげました。

イギリスの作家バーナード・ショーは「二十世紀最大の女は、キュリー夫人とシャネルである」とその功績を讃えています。

――孤児院から人生を始め、自力で「シャネル帝国」を築いた人

シャネルは一八八三年八月十九日、フランスの田舎町に行商人の娘として生まれました。両親は不和で、苦労を重ねた母親はシャネルが十一歳のときに病死し、父親は子どもたちを捨て、シャネルは姉妹とともに孤児院に預けられます。

成人してからは、昼間はお針子、夜は酒場で歌って生計を立て、そこで出会った裕福な男性の愛人としてパリ郊外の屋敷で暮らし始めます。

自分のために作ったシンプルな帽子が評判になったことから帽子の制作を始め、カンボン通り二十一番地に「シャネル・モード」という帽子店を開業するのは一九一〇年、二十七歳のとき。「シャネル」ブランドの始まりです。

――シンプルで着心地が良く、無駄がない。私はこの三つのことを自然に、新しい服装に取り入れていた。

やがて服作りも始めますが、シャネルが作ったのは、帽子と同様に自分が着たい服。コルセットで体を締めあげて着る装飾がいっぱいの当時のドレスとはまるで違った、ゆったりとしたラインのものでした。

そして一九一四年、シャネルが三十一歳のときに第一次世界大戦が勃発します。彼女にとっては大きなチャンスでした。男たちは戦場へ行き、残された女性たちの生活も変わり、シャネルの店で売っているような動きやすい実用的な服が求められたからです。

――戦争のおかげ。人は非常事態のなかで才能を表すものだ。

けれど戦時下で布地が不足していました。そこで彼女はジャージーに着目します。安くて丈夫で機能性のある布で作った服は飛ぶように売れました。

――ジャージーを使うことで、私はまず、締めつけられた肉体を解放した。

三十三歳のときには、シャネルの作ったジャージー素材のドレスが「ハーパーズ・バザー」誌に掲載され、翌年には同誌が「シャネルを一着ももっていない女性は、取り返しがつかないほど流行遅れ」と書き、ほかのモード誌もこれに続きました。

おしゃれに敏感な上流階級の女性たち、女優たちがシャネルの店に殺到します。

――ひとつのモードは終わりを告げ、次のモードが生まれようとしていた。そのポイントに私はいた。チャンスが舞い降りてきて、それをつかんだ。新しい世紀の児《こ》である私は、新しい世紀を、服装で表現しようとしたのだ。

チャンスをつかんだ彼女は、戦争が終わりパリに活気が戻ってくると、次々とファッション界に革命の風を送りこみます。

そのシンプルなデザインとネーミング、複雑で魅惑的な香りで「香水革命」と言われた「No.5」、喪服の色でしかなかった黒をパリ・モードの主流にした「リトルブラックドレス」、おしゃれと財力とを切り離した「イミテーションジュエリー」、マリンルック、ツイードのスーツなどを次々と発表、それらが時代の要求とぴったり合い、女性たちの絶大な支持を得て、「シャネル帝国」と呼ばれるほどの一大ブランドを築き上げるのです。

恋多き女としても有名で、時代の寵児《ちょうじ》たちと次々と浮き名を流しました。画家のピカソやダリ、作曲家のストラヴィンスキー、詩人のルヴェルディ、そして「世界一裕福な男」と言われたイギリスのウェストミンスター公爵…。

そのときどきで、結婚の話は出たこともありますが、タイミングが悪かったり、シャネルが仕事を優先するなどして、結果として生涯独身でした。

——仕事のためには、すべてを犠牲にした。恋でさえ犠牲にした。仕事は私の命を、むさぼり食った。

彼女の人生でもっとも暗い時代は、第二次世界大戦のとき、ナチスドイツによるパリ占領を機に、スイスでの隠遁《いんとん》生活を送った十五年間でしょう。

そして彼女の人生でもっとも輝かしいのは、七十一歳でモード界にカムバックしたときでしょう。このときの「カムバックコレクション」のなかに、現在の「シャネルスーツ」の原型があり、アメリカで熱狂的に流行。彼女はシャネルスーツに力を注いでゆきます。

シャネルは一九七一年一月十日に亡くなりました。八十七歳でした。

孤児院から人生を始めて、自力で「シャネル帝国」と呼ばれるほどの一大ブランドを築きあげ、生涯を仕事に生きた彼女が亡くなったのは日曜日、仕事が休みの日でした。

――私はなにより嫌いなものを作らない

二〇二一年はシャネル没後五十年ということで、世界各国で、日本でもシャネルの回顧展が開かれ、ドキュメンタリー映画『ココ・シャネル 時代と闘った女』が公開され、どちらも盛況なようすに、シャネルは永遠なのだな、という想いを強くしました。


私が彼女の人生にはじめてふれたのは、二十代の半ばころだったでしょうか。

その強烈な生き方には多くの指針を与えられましたが、その一つが次の言葉にあります。

――私はたしかな嫌悪の精神をもっている。

彼女のファッション革命はここから生まれていると私は考えます。その才能を「嫌いなものをなくす」ことに使いきったと言ってもいいくらいです。

たとえば、動きにくい服が嫌いだからジャージー素材の服を、男のための装飾過剰な服が嫌いだからシンプルな服を、宝石で自分の価値があがると思っている女たちが嫌いだからイミテーションジュエリーを、けばけばしさが嫌いだから黒い服を、彼女は作ったのです。

「嫌い」という感情を指針にするというシャネルスタイル。

私はこれを真似して、たとえば、人生の岐路に立ったときや何かを選ばなければならない状況で、迷いがあったとき、「私は何が好きなのだろう」という観点ではなく、「私は何が嫌いなのだろう」という観点から物事を見つめる、ということをするようになりました。

「好き」より「嫌い」を基準にしたときのほうが、あらゆることが鮮やかに見える。これは大きな気づきでした。

いまでも迷いがあるときは「シャネルの嫌悪の精神」を採用しています。

また、なんといっても七十一歳のカムバックには、いつだって新鮮に感動します。うつりかわりの激しいモード界、その世界で栄光の頂点を極めたデザイナーが、十五年という長いブランクののち、返り咲こうと決意するのです。

そのときの覚悟が表れている言葉には、何度背中をびしっと叩かれたかわかりません。

――無よりも失敗を選ぶわ。

次の言葉はもう私の真ん中に居座っています。

――かけがえのない人間であるためには、人と違っていなければならない。

人と自分を区別することを意識し続けた彼女は、二十代をどのように過ごしていたのでしょうか。デザイナーとしての活動は二十代の後半から始まります。そこにいたるまでの三つのエピソードを見てゆきましょう。

Episode

1

唯一できることは「あんな女たちと自分は違う」ことを表現すること。

寄宿学校を出たシャネルは、昼間はお針子として働き、夜は酒場で歌手として小さな舞台に立って生計を立てていました。

当時は貧しい女性が経済的に成功しようと思ったとき、女優か歌手になる以外にはほとんど手がかりがなく、シャネルは歌手を目指してオーディションを受けていました。けれど歌の才能はなかったようで歌手への道はあきらめます。

彼女の夢を応援していた人にエチエンヌ・バルサンという名の裕福な男性がいました。

彼は、シャネルのほかの女性たちとは違う人生への熱意、媚びない態度に惹かれ、自分の屋敷に誘います。彼女がこれを受けたのが二十二歳のとき。

彼女の二十代は歌手をあきらめ、上流階級の暮らしを知るところから始まります。

パリ郊外のロワイヤリュ、広大な敷地と大きな屋敷、ゴージャスなバスタブ、スプリングが快適なベッド、幼いころに夢見ていた贅沢な生活がそこにありました。

けれど、すぐに退屈してしまいます。屋敷に集う人たちは、人生に何の目的もなく、働かないでいることに何の疑問もいだいていなくて、シャネルから見ればつまらない人たちだったからです。

退屈のあとに強烈な嫌悪感がやってきました。男の機嫌で自分の生活が左右されるココット（娼婦）たち、裕福な家に生まれついたという取り柄しかない女たち、夫の財力で生活している妻たち、そして同じく男の財力のもとでしか生活できない愛人たちへの嫌悪感です。

なにより許せないのは、自分もそのなかのひとりだということでした。

けれど、嫌だからといって屋敷を出ても、行くあてはありません。もやもやとした日々のなか、唯一できることは「あんな女たちと自分は違う」ことを表現することでした。

——女たちは、その頭に巨大な帽子を載せ、羽飾り、果物などをくっつけていた。あんなごちゃごちゃとした帽子の下では、ちゃんとものを考えることさえできない。

彼女は、愚かさの象徴であると考えた巨大な帽子を拒否し、自分で帽子を作り始めます。彼女が作る小さくてほんの少しの飾りがついたシンプルな帽子はとてもシックでした。シャネルが自分で作った帽子をかぶっている姿を見て、知り合いの女性たちから次々と注文が入るようになり、彼女は自分が進むべき道を見出します。

愛人のバルサンに頼んで、彼が所有するパリのアパルトマンの一室を提供してもらい、帽子店を開くのがシャネル二十六歳のとき。翌一九一〇年「シャネル・モード」店オープンが創業の年とされているので、このアパルトマンでの一年間は準備期間と見てよいでしょう。

Episode

2

私は、私の人生を作り上げた。なぜなら、私の人生が気に入らなかったからだ。

二十七歳、「シャネル・モード」がオープンすると、そのシックな帽子は評判となりシャネルの名が知られ始めます。

仕事と並行して彼女がこの時期、力を入れていたことがあります。

——私は、私の人生を作り上げた。なぜなら、私の人生が気に入らなかったからだ。

——とにかく私は田舎の小娘だと思われたくなかった。自分をちゃんと真面目にとってもらうために嘘もついた。小説のヒロインのように自分を作り上げた。

父親に捨てられて孤児院に預けられた過去を隠すために、ふたりの叔母に厳しくしつけられたとか、父親はアメリカに渡って成功しているとか、彼女はたくさんの嘘をつきました。のちにビジネスの戦略として積極的に使うようになる「ココ」も、長い間「父親がつけてくれた愛称」と言っていました。事実は、酒場で歌っていたときの歌に「トロカデロでココを見たのは誰？」があり、観客が「ココ」と声援を送り、それがやがて彼女の愛称となったのですが、それは孤児院育ちと同様、隠したい過去だったのです。

嘘を暴かれ、非難されることもありました。

――私はこうなりたいと思い、その道を選び、そしてその想いをとげた。そのためにしたことで、人に嫌われたり、いやな女だったとしてもしかたない。

自分では選べない生い立ち、自分の意志ではどうにもならなかった過去を、現在の自分に少しでも有利にするための上手な嘘は、才能の一部であり、けっして罪ではないと彼女は考えていて、だから悪びれることもなかったのです。

Episode

3

それは私が独立できたときに答える。
あなたの援助が必要でなくなったとき、
私があなたを愛しているかどうか
わかると思うから。

パリのアパルトマンの一室で帽子店を始めて間もない二十六歳のとき、出逢いがありました。その生涯で最愛の人となるアーサー・カペルです。

カペルはシャネルより二歳年上、バイタリティあふれるイギリスの実業家でした。

――彼はほかの男たちとは違っていた。魅力あふれる美しい男だった。いや美しいというよりもすばらしい人で、その無造作な態度、緑の瞳に感動した。

彼女はさまざまな表現でカペルを絶賛していますが、ふたりの関係において、もっとも重要なことが、次の言葉に表れているでしょう。

――彼は私の人生にとって大チャンスだった。私は私の意欲にけっして水をさしたりしない人と出逢ったのだ。

女性が仕事をする、自立するといったことが理解されなかった時代、シャネルは、自分の才能を高く評価してくれて、「仕事で成功したい」という情熱を全力で応援してくれる人と恋に落ちたのです。

二十七歳のとき、カンボン通り二十一番地に開いた「シャネル・モード」、これが「シャネル」ブランドの始まりですが、この店に出資をしたのが、アーサー・カペルです。

恋のはじまりの焦げそうに熱い時期、あるとき、カペルから「僕をほんとうに愛してる?」と尋ねられます。

恋人たちが愛を確かめ合う甘い会話になる場面、シャネルはこう答えます。

――それは私が独立できたときに答える。あなたの援助が必要でなくなったとき、私があなたをほんとうに愛しているかどうかわかると思うから。

とても愛していたのに、シャネルには、その愛のなかに「経済的援助を受けているから」という理由が隠れてはいないか、と自分を疑う潔癖さがあったのです。

なんという誇り高さなのか、と感嘆します。当時としてはまさに奇跡的であり、現代でさえ、まれでしょう。男の力で生活をしている女たちへの嫌悪、自分はそうなりたくない、彼女たちとは違う、という強いきもちがここにも表れています。

カペルは九年後、三十八歳という若さで、自動車事故で亡くなってしまいますが、彼がシャネルに与えたものは大きく、その生涯において彼に勝る人は現れませんでした。

シャネルブランドのロゴはCが背中合わせになっているデザインですが、これは「シャネル」と「ココ」のC、また「カペル」と「シャネル」のCでもあると言われています。ふたりの熱愛時代に、すでにそのデザインが生まれているからです。

ココ・シャネルの二十代

「私は違う」と信じ続けたシーズン

二十世紀を代表する女性のひとりであるシャネルが、二十代の半ばまで自分が何者になりたいか、わかっていなかったとは意外です。

のちにデザイナーという仕事について「ほかの仕事でもできたと思う。ただ偶然こうなっただけ」と言っていますが、最初からファッションデザイナーを目指していたわけでもありませんでした。

ただ、「働いて自立したい」という願いだけは強烈にありました。

この「自立への強い欲望」が「作った帽子が人気」というきっかけを得て「シャネル・モード」開店へつながってゆくのです。

また、アーサー・カペルとのエピソードには、経済的に自立して、相手と対等になってはじめて愛を語れる、という彼女の考えが表れています。

恋多き女として知られる彼女の恋愛の特徴として、恋人同士であっても相手の男に借りを作らない、というスタイルがありますが、これがすでに彼女のはじめての本気の恋愛からあったことがわかります。

この経済と恋愛を切り離すという感覚は、ロワイヤリュの屋敷での生活のなかで彼女のなかに深く刻まれたものだったのでしょう。

上流社会の暮らしを知り始めた数年間、シャネルは「くだらない女たちと一緒にされたくない。私は違う」と強く思い続けていました。

そして、なぜ私は違うのか、なぜあの人たちはくだらないのか、私はあの人たちの何が嫌いなのか…。

徹底的に見つめていたのです。

――宝石好きの女たちは、首のまわりに小切手をつけているようなものだ。

価値のある宝石をつけたからといって、それで女が豊かになるわけではない。

――たくさんの色を使えば使うほど、醜くなるというのを、女たちは気づかない。

デザイナーとしてのデビューはまだ先だけれど、彼女のクリエイションの多くは、このシーズンに、すでに彼女のなかに宿っていて、それがデザイナーになったとき、あふれるように生み出されたのではないでしょうか。

家庭や学校、職場など、望まない環境、嫌な環境に身を置かなければならないシーズンが、その程度の差はあれ、誰にもあるでしょう。

そんな環境でも、何が嫌なのか、自分はなぜそれが嫌いなのか、徹底的に見つめることでその後の自分の価値観の核みたいなものがつくられてゆく、そういうこともある。嫌な環境だったら逆にそれを利用するくらいのきもちで、嫌なものを凝視してみたらいい。シャネルのように。彼女の二十代からそんなことを思います。

Mary Quant

マリー・クワント

（1930—2023）

チャレンジすること、実験すること、
自分が信じるものに手を伸ばすことを
恐れないでください。
自信をもって、
自分が心地よいと感じるものを身につけ、
大胆に、自分らしく、楽しんでください。

マリー・クワント。彼女は「ミニスカート」を世界的に流行らせたことから「ミニの女王」と呼ばれるイギリスのファッションデザイナーです。

ブランドのロゴマークは、真ん中に白い円のある黒い花びら五枚のデイジー。多くの人が見たことがあるでしょう。

——私は頭からつま先まで、トータルデザインをしたかった。

服だけではなくタイツやアンダーウエア、ナイトウエア、シューズも作り、そして爆発的に売れたコスメは、斬新な色彩、パッケージ、ネーミングから「コスメ革命」とまで言われました。

「女性を自由にした」革新的なファッションは高く評価され、イギリス王室から一九六六年と二〇一五年の二度、名誉ある勲章を授与されたほか、数多くの賞を受賞しています。

彼女はパリコレなどでコレクションを発表するデザイナーではないけれど、ヴィヴィアン・ウエストウッドやアレキサンダー・マックイーンと並ぶイギリスファッション界のレジェンドです。

ミニの女王

マリー・クワントは一九三〇年二月十一日、両親ともに教師という家に生まれます。

――かなり楽しい子ども時代だった。私はせっせとベッドカバーを切り刻んでは、自分が着たい服を作ろうとしていた。

幼いころからファッションに強い興味をもっていたのでファッションの専門学校への進学を希望しますが、教師を希望する両親に反対され、歩み寄って、ゴールドスミス・カレッジへ進学、スタイリッシュな美大生として十代の終わりから二十代のはじめを過ごします。

二十五歳のとき、伝説のブティック「バザー」をロンドンのキングスロードにオープン。これがマリークワントというブランドの始まりです。

彼女は一人ではありませんでした。ブランドには二人の男性が関わっています。

一人はアレキサンダー・プランケット・グリーン。公私ともにわたる彼女のパートナーで、広報やブランディングを担当。もう一人は友人のアーチー・マクネア、彼が法務・財務を担当。二人の存在があってマリーは創作に集中できました。

「サンデー・タイムズ」紙のディレクター、アーネスタイン・カーターは言っています。「ちょうど良い時期に、ちょうど良い場所で、うってつけの才能をもって生まれてくる幸運に恵まれる人はまれだ。近年のファッション界において、この運に恵まれた人の名を三人あげるとすれば、それは、シャネル、ディオール、そしてマリーだ」

彼女が活躍し始めた一九六〇年代は、「スウィンギング・ロンドン」の時代です。躍動するロンドン、という意味ですが、大人たちが作った社会通念への反抗、自由への意志、自分らしさに価値を見出すといったカルチャームーブメントで、世界中の若者を熱狂させました。

この若者文化の激震地、その中心に、音楽ではビートルズ、そしてファッションではマリー・クワントがいたわけです。

――ミニスカートは、それまでに考案されたファッションのなかでも最高にわがままで楽観的で、私を見て、人生って素敵じゃない？と言っていた。六〇年代を、女性の解放を、ピルを、ロックンロールを象徴していた。若くて自由で、活気にあふれていた。

彼女はオートクチュールは一着も作らず、大量生産することで低価格でおしゃれな服を売り出し、それを大流行させたことで、ファッションの発信源を上流階級の人からストリートの若者に変えました。それだけではありません。世界中に流行させたことで、ファッションの中心地をパリからロンドンに変えてしまったのです。

――シャネルには嫌われていた。理由はよくわかってる！

マリーが活躍し始めた時代はシャネルの晩年にあたります。

保守派の代表として、大人のための上品な服を発表していたシャネルは「ミニスカートなんて大嫌い。膝を出すのは下品」と怒りをあらわにしていました。

マリーにとって、女性の生き方に革命をもたらしたシャネルは敬愛するデザイナー。それでも、シャネルが作る服を自分が着たいかといえば着たくない、私は自分が着たい服を作る、ということなのですが、考えてみれば、年齢八十代のシャネルと三十代のマリー・クワント、求める服が違うのは当然といえば当然でしょう。

けれど、自分の着たい服を着る。この信条はシャネルとまったく同じだし、また自分自身がブランドの顔となったことも同じです。二人の共通点は多いのです。

——すべてがそろっているようで、メイクだけが足りなかった。

彼女がコスメラインを発表したのは一九六六年、三十六歳のときです。

従来の化粧品業界は、流行とは無縁で、中年女性のためのもの、という印象でした。

——口紅の色は赤、ピンク、オレンジくらいで、マニキュアも同じ。…アイシャドウはブルーかグリーンかパープル、ブラウンさえなかったと思う。

彼女はそんなのは使いたくない、ということで「コスメ革命」に乗り出します。

——さまざまなトーンのきらきらしたピンク、マスタードイエロー、オレンジ、スカーレット、セピア、マットな白など。私は服の色をコスメにもちこんだ。

バッグに入る小さくておしゃれなカラーパレット、ウォータープルーフの落ちないマスカラ…、すべてにデイジーのロゴがあしらわれたコスメは爆発的に売れました。

なかでも日本での人気は高く、マリーが四十歳のときに「マリークヮントコスメチックスジャパン」が設立され、彼女はたびたび来日しています。

「日本とマリーの関係は相思相愛」と言われ、彼女は日本で生産される商品の質の高さ、細部へのこだわりを尊敬し、そして日本人の美意識に共鳴していました。

私生活では、学生時代に出逢ってからずっと一緒だったアレキサンダーと二十七歳のときに結婚、四十歳のときに息子を産んでいます。

出産の時期は、三店舗あったブティックを閉店してライセンスビジネスに特化するという、ブランドと彼女自身の人生の移行期でもありましたが、子どもが生まれ、家での時間が増えたことでインテリアに興味をもち、インテリアデザインも手がけるようになります。

――ウーマンリブ（女性解放運動）を待っている暇はなかった。

彼女は服だけではなくコスメ、香水、インテリアまでライフスタイルをトータルデザインすることで、女性の生き方に大きな影響を与えたデザイナーなのです。

――「ときめき」で、軽やかに女性の生き方を変えた人

二〇二二年、年末から翌年始にかけて、渋谷のBunkamura ザ・ミュージアムで彼女の回顧展が開催され、彼女のドキュメンタリー映画が全国公開されました。

私は展覧会の最終日に訪れたのですが、展示されている服がまったく「昔の服」ではないこと、そのスタイリッシュさにあらためて感嘆しました。

会場にいる人たちは、リアルタイムでマリーの服を楽しんだような世代から、十代と見られる若い人までと、年齢層は幅広く、そしてマリーの作った服を見る彼女たちの表情、その目が、なにか、とてもときめいていていて明るいことに気づきました。

ふと、「自由に、自分らしく（Be free, be yourself）」というマリー・クワントの理念が浮かび、彼女は理屈でもデモ行進をするでもなく、「ときめき」を発信することで、軽やかに女性の生き方に影響を与えたのだな、という感を強くしました。

そしていま、まさにこの原稿を書いているいま、二〇二三年四月十三日にマリー・クワントが亡くなったことを知りました。九十三歳でした。彼女が展覧会を訪れる人たちに向けたメッセージが、あらためて胸に響いています。

――チャレンジすること、実験すること、自分が信じるものに手を伸ばすことを恐れないでください。自信をもって、自分が心地よいと感じるものを身につけ、大胆に、自分らしく、楽しんでください。あなたたちならできます！

六〇年代「スウィンギング・ロンドン」、は、そのまま彼女が大ブレイクする三十代と重なります。そこにいたるまでの彼女の二十代を見てゆきましょう。

Episode

1

なぜそうでなければならないのか、という、なぜ、という問いから始まる逆転の発想で私は未来を先取りしてきた。

美術教師の資格をとるという条件で、両親からゴールドスミス・カレッジに進むことを許可されましたが、彼女には教師という職業が考えられず、資格をとらないまま卒業します。自分や友だちのために服を作りたいけれどスキルがない、でも何かして働かなくちゃ、と思っていたとき、高級帽子店「エリックス」で求人があり、見習いとして働き始めます。

――エリックスで働いて一番嬉しかったのは、帽子をデザインさせてもらい、その帽子が売れたことだ。

――帽子を縫っていて何度も指に針を刺してしまったので、ふと、外科用のカーブした縫合針を使えばいいのでは？と思いつき、医師をしていた兄から借りてみた。すると、縫製のスピードが上がっただけでなく、帽子に血の指紋がつく心配もなくなった。

このささやかな縫い針のエピソードが興味深いのは、彼女のスタイルが、すでに表れていると思うからです。彼女はのちに言っています。

――なぜそうでなければならないのか、という、なぜ、という問いから始まる逆転の発想で私は未来を先取りしてきた。

彼女が使っていた針はこれまで誰もが、なんの疑問もなく使っていた針です。誰もが自分のスキルを上げることで針を指に刺さないよう努力してきたことでしょう。

けれど彼女は、なぜ、こんなに使いにくいのだろう、と針のほうに疑問をもった、そこがユニークで、今後の彼女のクリエイションを生む、「なぜ」という問いの萌芽を見るのです。

Episode

2

ミシンを何台か購入して、欲しいけれどこの世に存在しない服を作り始めた。

――アレキサンダーは二十一歳のときに五千ポンドを相続すると、それを資金に私と友人のアーチー・マクネアと三人で事業を起こそうと決めた。

一九五五年、マリー二十五歳。パートナーと友人との三人でブティックを開業したのがマリークワントの出発点です。

二十七歳で結婚するアレキサンダーとはほんとうに仲が良く、自伝の最初のトピックのタイトルも彼の名前。彼が五十八歳で病死するまで最高のパートナーであり続けました。

――開店当初からうまくいったのは、アーチーの経営知識とアレキサンダーの販売手腕によるところが大きい。

彼女はその偉業にふさわしくないほど謙虚なことで知られますが、いつだっていまの自分があるのは「ふたりのおかげ」と断言しています。

ロンドンのファッションストリート、キングスロードに出した店の名は「バザーBAZAAR」。この名にした「理由」に、すでに彼女の今後の仕事が現れています。

学校や市場、教会で行われる「バザー」には、さまざまな品物が並びます。彼女はそんなお店にしたかった、服だけではなくてアクセサリーや雑貨、靴、小物、いろいろなものがあるお店にしたかったのです。

のちに、服だけではなくコスメからインテリアまでライフスタイルをトータルデザインすることになるマリー・クワントにぴったりの名前です。

「バザー」には、彼女が仕入れた服やアクセサリーが並べられました。

アクセサリーについては既成の物には楽しいのがなかったので、アートスクールの学生たちに声をかけ、オリジナルデザインを集めたというのですから、発想がすでに独創的です。そして、天性のセンスもありました。自分が着たい服とそれに合わせた小物をお店に並べたら、それらが大人気で、すぐに売り切れてしまい、また仕入れて、そしてすぐに売り切れる、スタートからそんな状況だったのですから。

ファッション誌でもたびたび取り上げられ、「バザー」が流行りに流行り、売り切れ続出で、既成服を売ることに限界を見て、彼女は夜間にデザイン学校に通って服作りを学びます。

——ミシンを何台か購入して、欲しいけれどこの世に存在しない服を作り始めた。

デザイナー、マリー・クワントの誕生です。

——いま思うと、私が作る新しい服は熱烈に求められていた。…私の作るワンピースの最大の特徴は丈がとても短いことで、ミニと呼ばれた。

Episode

3

その決心は、あるひとことでさらに固まった。
お客の一人が私の長い豊かなポニーテールの髪を見て、
言ったのだ。まさか、その髪を切る気？おやめなさい！
でも私は切った。

伝説の美容師ヴィダル・サスーンはマリー・クワントとほぼ同年齢、ふたりが出会ったのはサスーンがロンドンに自分のサロンを開いて間もないときでした。

帽子店で働いていたある日のこと、ボンド・ストリートのピカデリーに近いあたりを歩いていたら衝撃的なヘアスタイルの写真が目に飛びこんできました。

見たこともないスタイルに惹かれてヘアサロンの扉を開いたのが、彼女とサスーンの出会いです。

――パフォーマンスのように髪を切っていて、その姿は四つ星レストランのシェフのようだった。私はその日、お金の持ち合わせが充分になかったので、髪を切ってもらうことはせず、ただ彼の仕事ぶりを見ていた。でも、お金を貯めて近いうちにまた来ようと、心に決めていた。その決心は、あるひとことでさらに固まった。お客の一人で、あとから女優のジル・ベネットだとわかった女性が、私の長い豊かなポニーテールの髪を見て、言ったのだ。まさか、その髪を切る気?おやめなさい!でも私は切った。

「ヴィダル・サスーンがマリー・クワントのルックスを発明した」という人もいるほど、サスーンのカットは彼女本人、そして彼女が作り出すファッションによく合いました。

――ヴィダル・サスーンとピルとミニスカートがすべてを変えた。私がデザインした、脚を大胆に露出するミニスカート。それにぴったりの「キャップ」を、ヴィダル・サスーンが作ってくれた。あるいは、私が考案したコスメでメイクをした顔。それを縁取る理想的な「フレーム」を、彼が作ってくれた。

マリーの髪をカットするサスーン、ふたりのポートレートがファッション誌などにたびたび掲載され、一九六〇年代、ふたりはセットで語られるようになります。

「彼は女性を解放してくれた」とマリーは言っています。

——彼が考案したシンプルなヘアスタイルのおかげで、私たちはのびのびと海で泳ぎ、オープンカーでドライブし、雨の中を歩けるようになった。髪がぬれたり汚れたりしても、水道の水でさっと洗い、頭をふれば、形が整う。


「サスーンカット」です。「世界のヘアモード界を一変させた画期的作品」と言われる「ファイブポイントカット」の発表は一九六三年のことですから、マリーがサスーンに出会ったときは、ふたりとも二十代半ばで、これから、というシーズン。

誰かの紹介ではなく、街で見かけた写真に惹かれて思いきってサロンに飛びこんで、カットすることに決めた、というエピソードからはマリー・クワントという人の冒険心、好奇心が生き生きと伝わってきます。

マリー・クワントの二十代

「自由に、自分らしく」を形成したシーズン

自分が着たい服や小物を並べたら、それが大評判となりブティックは大盛況。そしてその勢いはますます加速し、マリー・クワントの名が世界中に知られることになるわけですが、彼女の出発点をよく見てみると、彼女の「なぜ」があることがわかります。彼女が言う「なぜ、という問いから始まる逆転の発想」です。

ささやかな縫い針のエピソードから見える、なぜそれを使わないといけないのか、に始まって、若い女性はこうあるべき、と大人社会が決めたルールに、なぜ従わなくてはいけないのか、なぜ好きなファッションをしてはいけないのか、なぜ髪を切ることに反対するのか…。

スタートは小さな歩みであっても、その普遍的な「なぜ」という問いから生みだしたクリエイションが支持されてゆくなかで、彼女は自分の仕事が多くの人にときめきや喜び、楽しさを与えていることを確信していったのでしょう。

そしてさらに積極的になって、「自由に、自分らしく」というメッセージを発信するようになっていったのだと思います。

――若さのすばらしい点は、怖れるきもちはあっても、自分にはできると信じて疑わないところ。

恋人や友人のサポートがあったとはいえ、恐れや不安がなかったはずはありません。それでも、若さの特権でもある「自分にはできると信じて疑わない」力のほうがずっと強く、それが二十代の彼女の原動力となっていたのではないでしょうか。

美術、音楽、ファッション、文学、いずれの分野においても、後世に名を残す表現者たちの人生が、苦悩や悲劇といった色彩にいろどられていることが多いなか、マリー・クワントは異色です。

自伝にしても公式サイトにしても、重苦しいことはほとんど書かれていません。

公私にわたるパートナーの死については自伝に「彼の死については、これ以上書けない。彼の死を乗り越えることは、一生できないと思う」とあり、その悲しみの深さが伝わりますが、それについて詳細に語ろうとはしていません。

明るく軽やかに元気に、という彼女のブランディングなのかもしれない、とも思いますが、そうだとしても、彼女のイメージが明るい色彩にきらめいていることはたしかです。

彼女の二十代のエピソードから伝わってくるスタイルも同様で、重苦しくなくて、「なぜ」という問いですら軽快です。

生来の性質もあるでしょうが、ブランディングをふくめて、そういう生き方もあるということなのでしょう。

過激でもなく深刻でもなく、ときめきをたいせつにして、好きなように生きることで、生まれるものがある。できることがある。彼女の二十代はそんなことを語っているように思います。

Diana

ダイアナ

（1961―1997）

この世界における最大の病は人々が
愛されていないと感じる病だと思います。
長い年月に渡って
私は苦しみのなかにいましたが、
その体験を活かして苦しんでいる人々を
助けたいと思うのです。

ダイアナ・プリンセス・オブ・ウェールズ。彼女は、現在のイギリス国王チャールズの初婚の相手であり、ウィリアム皇太子とヘンリー王子の母親でもあります。

三十六歳という若さで交通事故により突然この世を去ってから二十六年の時が経とうという現在も、彼女は人々の記憶に強烈に残っていて、王室の人たちが話題をふりまくたびに、ダイアナの名が出されます。彼女が慈善活動に熱心だったこと、ファッションアイコンであることなど、多くのメディアが彼女の魅力をあらためて報じています。

ダイアナほど世界中から愛され、その死を嘆かれたプリンセスはいないでしょう。

一九九七年八月三十一日、「ダイアナ事故死」のニュースが全世界をかけめぐったとき、世界各地で多くの人が泣きくずれました。

ダイアナの自宅があるケンジントン宮殿の前には涙に濡れた人々が続々とやってきては花束やカードを供《そな》え、見知らぬ人同士でも抱き合って泣くという、その光景はまるで巡礼のようであり、一週間で何百万という数になった花束の海は、ダイアナの人気をあらためて人々に知らしめました。

――悲しみに満ちた世界で唯一必要とされているもの

ダイアナは一九六一年七月一日、イギリスの名門貴族スペンサー伯爵家の三女として生まれました。

幼いころに両親が離婚、その離婚の過程で両親からの愛情を感じられなかったため、「私は誰からも必要とされていない価値のない人間」という想いをかかえてダイアナは育ちます。

学業もふるわず、学歴もなく、「自尊心」とは無縁のまま十代の終わりを過ごしていたところに未来の国王であるチャールズ皇太子との出会いがあり、結婚。

一九八一年七月、彼女は二十歳になったばかり。式を執り行ったカンタベリー大主教は「すべてがおとぎ話のようです」と言いましたが、まさにそれは現代のおとぎ話、あるいは現代のシンデレラ・ストーリーそのもので、「世紀の結婚式」での初々しく美しいプリンセスにイギリス中が熱狂しました。

――とってもすばらしくて天国にいるみたいでした。夫が愛しくてたまらず、彼から目が離せませんでした。私は世界一幸運な女性だと思っていました。

結婚式では幸せいっぱいの笑顔で人々に手をふっていたダイアナでしたが、その陰ではひとり孤独に過食症や自傷行為に苦しんでいました。

自信がまったくないところに加えて、王室の人たちはよそよそしく、味方がいない環境、そして彼女がひたすらに恋していた夫チャールズは別の女性を愛していたからです。

別の女性とは、ダイアナが亡くなってから八年後にチャールズと結婚し、現在はカミラ王妃となっている人です。この女性の存在がダイアナを悩まし続けていました。

二十一歳のときにウィリアムを、二十三歳のときにヘンリーを出産。二十五歳になるころには、夫婦の仲は冷えきり、ほぼ別居状態となります。正式離婚は三十五歳のとき。亡くなる前年のことです。

ダイアナが人々の心に生き続けている理由としては、その愛らしさ美しさに加えて、人生の後半、精力的に行った慈善活動によるものが大きいでしょう。

彼女には「自分よりも弱い立場にあり自分を必要としている人たち」に対する神秘的な共感力、癒しの力がありました。

患者と向き合っているときの彼女を知る多くの人が、その癒しの力に心動かされています。コルカタにあるマザー・テレサの「死を待つ人々の家」で、かわいそうな人たちに寄り添うダイアナの姿を見た神父は言っています。

「プリンセスは、直感的にそういうことができる方でした。また、不思議なのですが、すべての人のなかに何か特別なものが見えるようでした」

その才能で社会的弱者の救済、そして最後の数年は対人地雷廃絶のための活動に力を入れ、三十四歳のときにアメリカで「人道主義者賞」を受賞しています。スピーチでダイアナは言いました。

——悲しみに満ちた世界で唯一必要とされているものは、優しさなのです。

――変わりたいと思ったらきっと変われる

ダイアナというひとりの女性の人生を想ったとき、私がもっとも惹かれるのは、その変貌のすさまじさです。

王室に嫁いだときのダイアナは、自信とは無縁の、ただチャールズに恋するだけのかわいい女の子でした。その彼女が結婚生活と王室生活の厳しい現実に対峙したとき、あっさりとくずれ、過食症や自傷行為に苦しむのですが、苦しんだままでは終わらず、そこからはい上がり、健康を取り戻し、精神の安定を得て、それから何をするかといえば、驚くべきエネルギーで慈善活動に取り組むのです。

ダイアナの生涯、多くの慈善活動のなかでも、私がもっとも感銘をうけるのは、地雷原のエピソード。亡くなる七ヵ月ほど前のことです。

戦争が終結したあとも無数の「対人地雷」が埋められたままになっている地域があり、そこに暮らす人々、小さな子どもたちもが犠牲となっていることを知ったダイアナは、いてもたってもいられなくなり、「対人地雷廃絶キャンペーン」に乗り出します。

そして効果的なパフォーマンスとして、多くのメディアが見守るなか、中央アフリカのアンゴラの地雷原を歩いたのです。

地雷撤去の作業は行われていましたが、未発見のものがないとは言いきれず、それは命懸けのパフォーマンスでした。

――一歩、歩くたびに心臓の鼓動が口に伝わってきて歯を食いしばったわ。ちょっとした圧力でも爆発すると聞いていたから。次の一歩が私の最後になったかもしれなかったけれど、私がやらなくてはならないことだった。だからやるしかなかったの。

顔に透明のプロテクター、体には防弾ベストをつけて地雷原を歩く彼女の姿は世界中に衝撃を与え、地雷廃絶の声が高まってゆくきっかけとなりました。

ダイアナはこの体験により、人道主義者として生きてゆくという志を新たにし、まずは地雷廃絶キャンペーンにもっと力を入れよう、と決意します。

――自分が進むべき道、すべきことがはっきりしたわ。

そして事実、亡くなるまでの短い期間ではあったけれど、各国を訪れ、地雷廃絶に大きく貢献するのです。

健康も精神も弱っていた女の子が、このままではいやだと、自分のなかから強さを引き出す努力をし、世界的規模で慈善活動を行う力強い女性へと変貌をとげたということ。

私はそんな彼女の姿に「人はここまで変われる」という希望を見ます。

そして、そう思わせてくれるような人生を彼女が生きたということ、それこそがダイアナの真の魅力なのだと、つよく思います。

ダイアナが結婚したのは二十歳ですから、彼女の二十代はプリンセス、皇太子妃となったところから始まります。どんな二十代だったのか、三つのエピソードで見てゆきましょう。

Episode

1

私は前へ進みたくて、それができない自分が嫌いで、恥ずかしくて許せなかったのです。

――過食症が始まったのは婚約して一週間目だったことを覚えています。夫が私のウエストに手を回して、ちょっと太めだね、と言ったのです。その言葉が私のなかの何かを引き出したのです。

夫チャールズからのひと言がきっかけで、ダイアナは脂質を減らしたり絶食をしたりとダイエットを始めるのですが、反動で食べてしまってうまくいきません。そんなとき「食べてもそれを吐き出してしまえば太らない」ことに気づきます。

それは深刻な摂食障害、過食症への入口だったのですが、知識がなかったので「よいダイエットを見つけた」くらいにしか思っていませんでした。

結婚後、過食症は悪化の一途をたどります。

おもな原因として、王室の人たちから拒絶されているという疎外感、夫チャールズから愛されていないという絶望などがありますが、根本的なものはダイアナ自身にありました。自尊心がもてないでいたのです。

精神分析医ヒルデ・ブラックの言葉があります。

「食欲の病気ではない。人からどう見られているかということに関連する自尊心の病気です」

二十代のはじめのころの様子について、本人の痛ましい告白があります。

――過食症は、秘密の病気とも言えます。拒食症は目に見えて痩せてゆきますが、過食症は人に言わなければわからないのです。自尊心が低下して、自分には価値がないと思い、おなかを満たすことで心地よさを感じ、太るのが嫌だから吐くのです。

王室の人には相談できませんでした。自分を恥じていましたから。夫や近くのスタッフは知っていて、どうせ吐くのに食べ物を無駄にしていると責められました。夫側の王室職員の人たちは、ダイアナは精神不安で病気だから、治すために施設に入れた方がいい、と言いました。私は恥ずべき存在だったのです。

自傷行為もしました。助けを求める行為でしたが、誰も助けてはくれませんでした。私は前へ進みたくて、妻として母として、皇太子妃としての務めを果たすために良くなりたくて、でも、それができない自分が嫌いで、恥ずかしくて許せなくて、自分の腕や足を傷つけていたのです。

六年近く苦しんでいた過食症と真剣に取り組み始めたのは、二十五歳を過ぎたころ。きっかけは学生時代の友人キャロリンからの警告でした。キャロリンは、長年ダイアナの過食症を心配していたのですが、命の危険にまでつながる可能性があることを知って、あわててダイアナに医師の診断を受けるように言うのです。

ためらうダイアナにキャロリンは言いました。

「医師に診せないのなら、私があなたの過食症のことを公表するわよ」

この「愛の脅し」で、ダイアナははじめて摂食障害の専門家の診断を受けます。そして医師から勧められた摂食障害に関する本を読み、なんともいえない安堵につつまれます。そこには自分と似た人たちの症例がたくさんありました。

キャロリンに言っています。

――これも私、これも私、こんなふうに苦しんでいたのは私ひとりではなかったのよ！

医師の力を借りて、友人の力を借りて、そして自分自身でも摂食障害の勉強をし、ダイアナは過食症を少しずつ克服してゆきます。

ダイアナ二十代の半ば、人生が望む方向に変わりつつありました。

Episode

2

自分に価値があると思えなくて、惨めなの。自尊心がもてるような活動がしたいのよ。

過食症を克服し精神的な安定を得ると、彼女の真の才能がようやく現れ始めます。

――皇太子妃になって、ふたりのかわいい王子にも恵まれたのに、それでもまだ自分に価値があると思えなくて、惨めなの。自尊心がもてるような活動がしたいのよ。

自尊心がもてるような活動、自分ではないとできないことは何だろう、と考えたとき、公務でさまざまなところを訪問するなかで、体感したことが浮かびました。

人々から熱狂的な歓迎を受ける存在であること、また、自分には「苦しんでいる人のきもちがわかる」ということです。

その力を活かして慈善活動に力を入れ始めます。

ダイアナが関心をもったのは、王室の人たちが避けている分野の人たち、つまりエイズ患者・HIV陽性者、麻薬・アルコール中毒患者、ホームレスの人たち、ハンセン病患者たちの支援でした。

支援するためには理解しなければならないので、彼女の猛勉強が始まりました。

その道の専門家を招いて話を聞き、渡された資料とじっくりと向き合い、関連本を買い集め、いつまでも読みふけりました。

それまでダイアナは王室内では「教養がなく、何も学ぼうともしない頭がからっぽのプリンセス」と見なされていたのですが、それは興味のないことにうちこむことができなかっただけのこと。勉強に励み、専門家と意見交換するダイアナの瞳は知性で輝いていました。

そして一九八七年四月十九日、二十五歳も数ヵ月で終わろうというとき、「歴史的瞬間」と讃えられる大きなことをなしとげるのです。

ロンドン初のエイズ患者・ＨＩＶ陽性者専門病棟を開設した病院を訪れ、患者たちと手袋をはずした素手で握手し、そのようすを世界中のメディアに報じさせたことで、「エイズはふれただけでは感染しない」ことを世界中の人々に伝えたのです。

ふれただけでは感染しない。それは記者会見などで専門家がうったえていたことでしたが、ダイアナのパフォーマンスは、衝撃的でとてもわかりやすく、効果的でした。

――私は苦しみのある所ならどこへでも行き、自分にできることなら何でもしたいと思っています。

彼女は世界各国のエイズ患者・ＨＩＶ陽性者を訪れ、彼らとふれ合うところをメディアの力を使って世界中に見せることにより、エイズへの偏見を取り除いていきました。

Episode

3

私は着せ替え人形なんかじゃない。仕事をする人間にふさわしい服を着たいの。

慈善活動に自分の存在意義を見出し、自信をつけ始めたダイアナは、活動をより充実させるための努力を始めます。

まずは、もっともっと健康になること。

体だけではなく精神的な部分も含めた全体治療であるホリスティック医療、アロマセラピー、鍼治療などの勉強をし、実践します。また、フィットネス・トレーナーの指導を受けて体を鍛え始めます。

――私は着せ替え人形なんかじゃない。仕事をする人間にふさわしい服を着たいの。

慈善活動のほうに光を当てたいからと、ファッションも変えます。

それまでは複数のイギリスのデザイナーたちの服を着ていたのですが、ダイアナが姿を現すと、今日はどこのブランドの服か、といったことばかりが報じられて、肝心の慈善活動の内容が薄まってしまっている、と彼女は感じていたのです。

そこで、国内の公務ではお気に入りのデザイナー、キャサリン・ウォーカーの服だけを着ることにしました。制服のように一人のデザイナーの服に決めることによって、服が騒がれることは減り、ダイアナが何をしているか、その内容に注目が集まるようになりました。

――伝えたいことを効果的に伝えるようになりたい。

慈善活動ではスピーチが重要ということで、プロに指導を依頼し、話すときの息遣い、間、抑揚、明瞭に発音するためのトレーニングに取り組みました。

彼女の人間味あふれるスピーチにはもともと人を惹きつけるものがありましたが、トレーニングによって力強さが加わり、威厳さえ漂わせるものになったのです。

――魅惑的なスターというのは、私が演じなければならない役割のひとつで、私の演技は上達していると思うわ。でも私はそれだけの人だと思われたくないの。人々の役に立ちたい。人々の役に立っていると感じられたときの満足感は、スターとして称賛されたときよりもずっと大きいから。

彼女を「それだけの人」と思う人は少なくなりつつありました。

彼女は自己プロデュースの力をつけ、自分がもっとも適切だと思う場所に、もっとも効果的に、自分の力を使えるように変わりつつあったのです。

ダイアナの二十代

強くなるための自尊心を手に入れるべく、格闘したシーズン

彼女の二十代前半の過食症や自傷行為は痛ましく、かわいそう、という単純な言葉が一番ふさわしいくらいです。

けれど、のちに彼女は言っています。

――この世界における最大の病は人々が愛されていないと感じる病だと思います。長い年月に渡って私は苦しみのなかにいましたが、その体験を活かして苦しんでいる人々を助けたいと思うのです。

苦しみがあったからこそ慈善活動に関わるようになったし、体験者として寄り添うことを可能にしたのでしょう。

また慈善活動の手応えは、彼女に「自分にしかできないこと」を教え、自信をつけさせ、対人地雷廃絶キャンペーンなど、さらなる活動へと向かわせることになります。

彼女の三十代はわずか六年だったけれど、慈善活動家として精力的に世界を飛び回り、亡くなる直前の夏には友人に「いまの私はとても強い」と言うまでになっています。

「自尊心がもてるような活動がしたいのよ」とダイアナは言いました。

自尊心とは何でしょう。私は自尊心という言葉を使うとき、自分のなかの決定的な核をイメージします。ひそやかにしずかに、けれどたしかに自分の中心に存在する、私には価値がある、と信じられる心。社会的価値ではなく、自分自身が感じるところの価値によって、私には価値がある、と信じられる心、それを自尊心というのだと思います。

ダイアナはそれがほしくて、格闘したのでしょう。

そして過食症を克服し、多くの人が避ける分野の慈善活動に乗り出し、ひとつひとつ成果をあげ、行く先々で人々からの感謝のまなざしを浴びて、少しずつ、「私には価値がある」と思えるようになっていったのではないでしょうか。

その始まりと終わりとでは別人と思うほどに変貌はげしい彼女の二十代は、どんな苦境にあっても、ほんとうに変わりたいと願ったなら人は変われるということを、やはり彼女の生き方そのもので示してくれている、そんなふうに思います。

Madonna

マドンナ

（1958—）

私に向かって「できない」「やるわけがない」
「してはいけない」と言い続けてきた人、
あなたたちが私を強くし、努力をさせ、
闘志みなぎる人間に、いまの私にしてくれたの。
だから、ありがとう。

マドンナ。彼女はポップミュージック界で「女王《クイーン》」と呼ばれるアメリカのアーティスト。マイケル・ジャクソンやプリンスと肩を並べたはじめての女性スーパースターであり、人気、実力、社会からの注目度、影響力、活躍年数、すべてが規格外で「史上最も成功した女性アーティスト」などのギネス世界記録保持者でもあります。

二十四歳でデビューしてからずっと第一線で活躍し続け、二〇二三年の今年、デビュー四十周年を迎えますが、強烈な個性をもつさまざまなポップ・シンガーが登場するなか「女王」の地位をキープし続けています。

その活動は驚くほど多岐にわたり、女優、映画監督としても活躍するほか、子ども向けの絵本を出版したり、ファッションブランドやコスメブランドを立ち上げるなど、ビジネスの才覚も卓越したものがあります。

アフリカ、マラウイの孤児支援をはじめ、多くの慈善活動に力を入れていることでも知られています。

「マドンナ」は本名で、聖書で「聖母マリア」の意味をもちます。

二　女性たちに表現する自由を与えた自分を誇りに思う

マドンナは、一九五八年八月十六日、アメリカのベイ・シティに生まれます。

スターを夢見て単身ニューヨークに出たのは十九歳のとき。二十四歳でデビューし、二年後にアルバム『ライク・ア・ヴァージン』で大ブレイク、二十八歳で発表したアルバム『トゥルー・ブルー』が世界的ベストセラーとなりギネス世界記録に認定されます。

二十九歳で初のワールドツアーを成功させるなど、めざましい活躍でしたが、一九九二年、三十四歳のときに世界七ヵ国で同時発売された初版百万部という写真集『ＳＥＸ』が「あまりに挑発的で過激」と大バッシングされます。

――この写真集で私は前例を作って女性たちに表現する自由を与えたの。パイオニアになった自分を誇りに思うわ。

写真集に限らず、ミュージック・ビデオ、映画など作品を発表するたびに、彼女は賛辞と同時に、不当ともいえる非難にさらされてきました。

——アンチ・マドンナがいるのは当然だと思う。でも彼らが私を否定することにエネルギーを費やしていることが嫌になるの。ほかにすることがあると思うのよ。

音楽業界で栄誉あるグラミー賞を受賞したのは四十歳のとき。ひとりのアーティストとして正当に評価されるまで十六年かかったのです。

——私はアーティスト。自らの思想を表現し、世の中に問いを投げかけたい、そんな存在でありたい。世界を変えるのは人の心よ。私の使命はそれをみんなに伝えること。

歌のほとんどはマドンナの自作です。彼女はたいへんな読書家でもあり、小説や詩から多くのインスピレーションを得て、そこに自分自身の体験を重ねて、歌詞を書きます。

——自分自身を表現するの。そうしたら自分を尊敬できるわ。

慈善活動にも力を入れています。四十九歳のとき、グッチとチャリティイベントを共催したことがありますが、そのときのスピーチにはどきりとさせられます。

――ある日、目が覚めて自問しました。私、ベストだと思うことをしている？していないにしても、世界中のほとんどの人がしていないんじゃない？でもみんながそうだから私も無理っていう、みんな、っていったい何なの？

私生活では、俳優のショーン・ペン、映画監督のガイ・リッチー、二人と結婚・離婚を経験。息子と娘、二人の実子のほか、アフリカのマラウイから迎えた養子が四人、計六人の子どもの母親でもあります。

奔放な恋愛遍歴でも知られ、六十代になっても年若い恋人をつくり、過激なファッションを好み、好奇心旺盛に生きる彼女に対して、年相応にしろ、といった声も少なくありません。

けれどマドンナは「やりたいことに年齢制限があるなんて信じない」と言い、それは「年齢差別」だと反発します。次の言葉は爽快です。

――もっと落ち着けって？うるさいのよ。

彼女のインスタグラム、六十歳の誕生日の最後のワンフレーズは「人生は美しい」でした。ショービジネスの世界の真ん中で生きて、多くの中傷や裏切りを味わい、人間不信になりながらも、六十歳の誕生日に彼女は「人生は美しい」と書いたのです。

――あらゆる差別と闘い続ける人

私はマドンナがライブで会場のファンに語りかけるときの表情やたたずまいが好きです。とても優しく、傷つきやすく、そして知的な彼女がいるからです。

動画で何度も観ては涙してしまうのがいくつかあって、その一つは二〇一五年、パリ同時多発テロ事件が起きたときのストックホルムでのライブ映像。

テロへの怒り、犠牲となった人への追悼を語り、次のように続けます。

――私、悪よりも善を信じてる。世界を変える唯一の方法は、どこかの国の政権交代でも大量殺人でもなく、私たちが日常レベルで人間関係を見直すこと。愛だけが世界を変えることができる。…自分と違う意見をもつ人、理解できないことを愛するって難しい。でもそうしなければ悲惨な出来事はなくならない。世界は変わらない。

一分間の黙祷ののち、涙を拭いて歌い始めます。泣きながらなので音程はあやういけれど、平和を願うひとりの人間の、嘘偽りのない姿があり、その美しさに胸うたれるのです。

あらゆる「差別」と闘い続けてきた姿にも感嘆します。

彼女は二十代のころから、人種差別や同性愛者、そして性差別に反対してきました。「女である」ということだけで不当な扱いをされる性差別は、彼女自身がいやというほど受けてきました。そして彼女は何度も悔し涙を飲みこみながら、闘い続けてきたのです。

その闘いの歴史を彼女は五十八歳のときに語りました。

二〇一六年、ビルボード誌の「ウーマン・オブ・ザ・イヤー」受賞スピーチです。

彼女はパンツスーツ姿で両足を大きく開いて立ち、原稿なしで、射抜くようなまなざしで、けれど、ときに涙ぐみながら、体の真ん中からしぼり出すように力強く語りました。

――あからさまな性差別、女性蔑視、容赦なく続く嫌がらせのなかで三十四年間、仕事を続けてきた私の能力を認めてくれてありがとう。

デビュー当時のこと、さまざまな経験が語られ、最後は次のように結ばれます。

――私を疑った人、否定した人、ひどい目にあわせたすべての人、私に向かって「できない can not」「やるわけがない would not」「してはいけない must not」と言い続けてきた人、あなたたちが私を強くし、努力をさせ、闘志みなぎる人間に、いまの私にしてくれたの。だから、ありがとう。

闘い続けてきた自分を誇るという彼女の真価がみごとに表れているスピーチでした。
「闘志みなぎる」彼女は二十代をいかに生きたのか。三つのエピソードで見てゆきましょう。

Episode

1

断るわ。自分が正しいって自信があるの。

アーティストになりたい、スターになりたい、そんな想いが強くなったのは十五歳のころ。それまでもジャズやタップなどのダンスが得意でしたが、物足りなくなってバレエ教室に通い始めます。そこで出会った教師からスター性と才能を見出され、彼からアーティストとして生きるという道があることを学ぶのです。

ハイスクール卒業後、名門ミシガン大学のダンス科に進みますが、スターになりたいという想いは強く、家族の反対を押しきって大学を中退、十九歳でニューヨークに上京します。

――ためらうことなくニューヨークにのりこんだけど、ほんとうに孤独だった。何もかもがはじめての経験で、ポケットには三十五ドル(約一万二千円・当時)しかなくて。目標はこの街を征服することだった。絶対に成功してみせるって思ってた。

飢えてゴミ箱を漁ったこともある極貧生活のなか、ウエイトレスや画家のモデルをしながらダンスフロアで踊り、曲を書き、チャンスを狙っていました。つらいこともありました。

――私が暮らし始めた一九七九年のニューヨークは恐ろしいところだった。最初の年、私は銃で脅されてナイフを喉に突きつけられながらレイプされた。数年の間に、ほとんどの友人がエイズ、ドラッグ、銃で亡くなってしまった。無力感のなか、立ち直り、人生をクリエイティヴなものにするために時間がかかった。

さまざまなチャンスが訪れては消え、四年後、二十四歳のときにシングルレコード「エヴリバディ」で、ついにデビューを果たします。

作詞作曲はマドンナ。彼女は最初から作詞も作曲もプロデュースも自分でするというスタイルでした。

キャリアのある友人のミュージシャンが歌詞を見てマドンナに言いました。

「あまりにも単純すぎるから手を入れてあげよう」

マドンナは彼にきっぱりと言いました。

――断るわ。自分が正しいって自信があるの。

それはダンスフロアの人たちに、音楽に身をゆだねて自由に踊ろう、と呼びかけるという、たしかに単純な歌詞でした。けれどこの曲はダンスチャートのトップに躍り出たのです。

デビューを夢見て、貧しい生活を送り、ようやくつかんだチャンスです。なんとしても成功したかったはず。そんなとき経験のある友人からアドバイスを受けるわけですが、マドンナはブレませんでした。その自信に根拠などはないとしても、友人が正しいという根拠もまたないのです。誰よりも自分を信じる、という彼女のスタイルがすでにここにあります。

Episode

2

私の曲を好きになれないなら、私と組む必要はないわ。

ファーストアルバムは順調に売り上げを伸ばしていましたが、スーパースターの座を獲得するためには、セカンドアルバムが重要、ということを充分に認識していたマドンナは、ナイル・ロジャースに声をかけます。

彼はマドンナが尊敬するデヴィッド・ボウイのサウンドに新たな世界を与えた名プロデューサー。彼と組めたら可能性が広がる、と考えたわけです。

このとき彼女は二十六歳。

デモテープをまずは送る、という方法もありましたが、彼女は直接会ってその場でデモテープを聴かせることにこだわりました。

マドンナが仕事をする上で、心がけていたことのひとつに、メールや電話では済ませない、必ず会う、ということがありました。

相手の雰囲気、人間性は会ってみなければわかりません。電話などで話を進めていざ会ってみたら、何か違う、と感じることは多々あるものです。

時間を無駄にしないため、という目的もあったでしょうが、マドンナは直接会うことで、まずはこの人と組めるかどうかを決めてから、その先の話を進めたのです。

名プロデューサー、ナイル・ロジャースに会い、デモテープを聴かせると、マドンナは彼に言いました。

――私の曲を好きになれないなら、私と組む必要はないわ。

自分はデビューしたてで、相手は業界のビッグネーム。けれどマドンナは、無駄に低姿勢になりませんでした。

作品を創り発表するアーティストなら、自分の作品に惚れない人と組むことに喜びはないし、意義もない。マドンナにとってこれは当然のことだったのです。

セカンドアルバム『ライク・ア・ヴァージン』は世界的に大ヒットして、マドンナは世界的スターとなります。

アルバムからの第一弾シングル、アルバムタイトルにもなった「ライク・ア・ヴァージン」は彼女にとって、初の全米一位となった記念すべき曲となりました。

Episode

3

あなたからの、
もっと具体的な話を聞かせてほしいわ。
ただ話をして、
私のアイディアを利用されるのは嫌なの。

マドンナが二十七歳のころ、ポップアート界のキング、アンディ・ウォーホルがマドンナに「一緒に映画をつくらないか」と提案してきました。彼はマドンナより三十歳年上。ウォーホルにマドンナは言いました。

——いいけど、あなたからの、もっと具体的な話を聞かせてほしいわ。ただ話をして、私のアイディアを利用されるのは嫌なの。

この言葉は、マドンナの賢さと、自分の価値というものをどう考えているかを物語っています。

ただ話をして、アイディアだけをもらうということに何の疑問も感じない人がいます。若い世代の感覚を知りたいという年配の人たちのなかには、おしゃべりという形で、アイディアを盗み、それを悪いこととも思わずに無邪気に自分の仕事に使う人もいます。

とはいえ、マドンナが自分のアイディアを利用されることを警戒した相手は、超有名なアーティストのウォーホル。アイディアならウォーホルのほうがよほどもっているかもしれないにもかかわらず、彼女はそれでも、自分の頭のなかにあること、アイディアに大きな価値があることを知っていたのです。

ウォーホルは日記に記しました。

「マドンナはじつに聡明な女性で、頭が切れる。ほんとうにすばらしい」

マドンナの二十代

見下されることを拒否し、独自のスタイルを創り出したシーズン。

マドンナの二十代は、ぎらぎらという音が聞こえてくるほどに成功への野心でいっぱい、自分だけの世界を創り上げるために挑戦を続けたシーズンでした。

――生き残るために、人生のある時期、真剣に闘う必要があった人たちに共感を覚えるの。その経験が、人格に新しい個性を与え、独自のスタイルを創り出すのだと思う。独自のスタイルを創り出すことって究極のチャレンジだと思うのよ。

「独自のスタイル」を創り出すため、彼女は何をたいせつにしていたのか、三つのエピソードにくっきりと表れています。

とにかく自分を信じること。相手が誰であれ無駄に低姿勢にならないこと。アイディアを安易にしゃべらないこと。

これらはアーティストに限らず、仕事をする多くの人、なかでも年齢が若い人たちに共通する、たいせつなルールと言えるのではないでしょうか。すくなくとも見下されることは避けられるように思います。

そう、彼女の二十代のエピソードからは、「若さ」「経験の浅さ」「女性」という理由によって周囲から見下されることを、強烈に拒んでいた姿が浮かび上がってきます。性差別、年齢差別と彼女は必死に闘っていたのです。

従順さを要求する人にとって、反抗的な彼女のスタイルは、そうとう生意気に見えたことでしょう。

けれど、それでも、何を言われても、誰よりも自分を信じて、差別に負けることなく、独自のスタイルを創り上げるために闘っていた二十代の彼女を、その後の成功を知っていても、熱く応援したくなるのです。

Yoko Ono

オノ・ヨーコ

（1933―）

誰かのまねや、
社会の要求に合わせた生き方をすると、
どうしても心が弱くなります。
どんな状況でも自分らしくあり続ける。
その一点で人はとても強くなれるものです。

オノ・ヨーコ。彼女は、美術、音楽、文学、映画、パフォーマンス…、ジャンル分けすることが無意味なほど、多彩に活動する前衛芸術家です。

作品を通じて肯定と希望のメッセージを伝える平和活動家でもある彼女は、二〇二三年二月十八日に九十歳の誕生日を迎えました。

彼女の芸術は長い間、正当な評価を受けることがなく、そしてジョン・レノンとの結婚で「ビートルズを解散させた女」として全世界から憎まれたことで、ますます正当な評価から遠ざかっていました。

そんな彼女のことを、ジョン・レノンは次のように表現しました。

「もっとも有名な無名アーティスト。誰もが彼女の名前を知っているけど誰も彼女のしていることを知らない」

六十代半ばころから、ようやく風向きが変わり始め、世界各地で彼女の回顧展が開催されるようになり、曲もヒットし、新たなファンを獲得、批評家たちも彼女の業績を賞賛し、数々の名誉ある賞を受賞しています。

もっとも有名な無名アーティスト

オノ・ヨーコは一九三三年二月十八日、東京に生まれました。父方の祖父が日本興業銀行総裁、母方の曽祖父が安田財閥の創業者という家柄の裕福な家庭で、幼いころから日本とアメリカを行き来して育ちます。

二十歳でニューヨーク郊外の大学に入学。ニューヨークの前衛芸術家たちとの交流のなかで、独自の芸術活動を始めます。

前衛芸術《アヴァンギャルド》とは、簡単に言えば既成の概念にとらわれない実験的、革新的な表現のこと。オノ・ヨーコの作品で有名なものとしては、たとえば「カット・ピース」があります。ステージの中央に座る彼女の服を観客が順番にカットするというパフォーマンスです。

――従来の作品には、作者の自我が入っている。自我を観客に押しつけるわけである。私は、そういう自我を抜きとった無我の境地に立って作品を作りたいと思っていた。…何でもいいから、あなたの好きなものを取ってください、好きな部分を切って持っていって下さいという心情である。

数々の作品、パフォーマンスを発表しますが、なかなか広く認められません。

――前衛では知られていたけど、ちょっと知られすぎて、そうかといって世界的に知られている人間の仲間ではなかった。その間で中途半端な感じで一番淋しいときだった。

それでも果敢に活動を続け、ロンドンのギャラリーで個展を開いていたとき、世界中を熱狂させていたバンド「ビートルズ」のジョン・レノンに出逢います。ヨーコ三十三歳。

一九六九年の冬のはじめ、ヨーコ三十六歳のとき、ふたりは結婚します。そしてその翌年にビートルズが解散。要因はヨーコにある、とされてしまうのです。

ヨーコは自分の影響も否定しない、としながらもバンドは「倦怠期」にきていて「それぞれ色々不満があった」と自伝に書いています。また、しばらく時間が経ってからではありますが、ビートルズの元メンバーがそれぞれ、ヨーコのせいではない、という趣旨の発言をしています。

けれど当時の反応は狂的でした。「オノ・ヨーコはビートルズを解散させた女」として世界中から大バッシングされました。

――私に対するイヤガラセの電話や手紙が殺到していた。ジョンが日本人の私と結婚したことで…自分たちの憧れのスターを奪われたということで、ほとんどが私に対する怒りの手紙だった。なかには殺してやる、という激しいものもあった。

――私はただ私でありたい、と思って暮らしてきただけだ。その私であるということが、そんなに怒りをうけるのだったら、人間社会はこわい、と思う。

ふたりは音楽活動だけでなく、数々の平和・反戦パフォーマンスも行いましたが、ヴェトナム戦争を続ける政府を批判する有名な夫婦は、アメリカ政府にとって危険人物であり、FBIに監視され、国外退去命令が出されたこともありました。

——私たちふたりは、とても仲がよかった。

多くの作品を一緒に作りましたが、もっとも有名なのは「イマジン」でしょう。いまや世界平和を願う不朽の歌となっています。

一九八〇年、ヨーコ四十七歳のとき、ジョン・レノンが自宅前で銃弾に倒れます。ヨーコも一緒にいました。目の前で最愛の人が殺されてしまったのです。

ヨーコを中心に悲しみが世界中を覆いつくしました。

犯人は精神的に不安定だった男性の単独犯だとされましたが、彼女は最近になってあるインタビューで、ジョンは政府に殺されたと思っているの、と語っています。

彼女はジョンとの間の息子、当時五歳だったショーンを守ることだけを考えて地獄のようなシーズンを過ごします。立ち直るまでには多くの時間を必要としました。

二〇〇一年九月十一日のアメリカ同時多発テロからおよそ二週間後、ヨーコは「ニューヨーク・タイムズ」紙に、八つの単語だけが並んだ、広告主の名のない一面広告を出しました。

―― Imagine all the people living life in peace 想像してごらん。すべての人々が平和に暮らしていることを。

「イマジン」の歌詞の一部です。

テロに対する報復、愛国心、そのための闘いといった空気にアメリカ中が覆われているなか「平和」という単語は異色でした。

「対テロ戦争」に向けて動いていた政府は「イマジン」の影響力を怖れ、テレビやラジオといったメディアに「イマジン」オンエアの自粛を求めました。

平和活動家としてのオノ・ヨーコの存在をあらためて知らしめた出来事でした。

――これだけの苦難を超えて、年齢を重ねてきた自分が愛しい

私がオノ・ヨーコに興味をもったのは二十代のはじめのころで、きっかけは彼女の本、『ただの私《あたし》』でした。強くたくましく、愛を信じ、自分自身を信じる姿勢が強烈で、こんな人がいるのだ、と胸が高鳴ったことをよく覚えています。

アイスランドに建設された平和のための「イマジン・ピース・タワー」完成までを追ったドキュメンタリーを観たのはいつだったか、番組のオノ・ヨーコは七十五歳でした。

番組終盤、「自分が好きっていうのとは違って…」と前置きした上で彼女は言いました。

――これだけの苦難を超えて、年齢を重ねてきた自分が愛しい。

その言い方がとても優しくて、彼女の自分自身に対する優しさに私は胸うたれました。

彼女の講演をまとめた『今あなたに知ってもらいたいこと』の「まえがき」にも、似た想いをいだきました。彼女が七十六歳のときに出版された本です。

――私の人生は絶えず変化しています。変化し続ける運命なのかもしれません。そんな中で、どんなときでも自分らしくいることが、私にはいちばん大事なことでした。誰かのまねや、社会の要求に合わせた生き方をすると、どうしても心が弱くなります。どんな状況でも自分らしくあり続ける。その一点で人はとても強くなれるものです。私の力はいつも今の私であることだったし、今の私であることだと思います。

また、「陰と陽との関係」というトピックには次のような一節があります。

――実は十代、二十代の頃の私は非常に「陽」な人間でした。それがバッシングをされ続けたために「陰」の力を開拓するようになり、ジョンに会った頃には「陰」のパワーを非常に備えた人間になっていました。

前後を読むと、自分が前に出て世界にメッセージを発信することを「陽」と言っているようです。とても「陽」であったという彼女の二十代、三つのエピソードを見てゆきましょう。

Episode

1

体のなかに何かがいて、
私を狂わそうとしているんじゃないかと思っていて。
それを防ぐために、自分の活動を始めたの。

オノ・ヨーコの二十代は一九五三年、二十歳のとき、両親とニューヨーク郊外に移住し、名門サラ・ローレンス大学に入学したときから始まります。

芸術や哲学に精通していて、音楽的才能もある彼女は教師たちのあいだでは評判でしたが、友だちを作らずにひとりきりでいることの多い学生でした。

学生のころをふり返って「放火魔になるんじゃないかと恐れながら、マッチばっかりすっていた」と言っています。

炎が燃えつきるまで見つめて、またマッチをするということを繰り返していたのです。
――体のなかに何かがいて、私を狂わそうとしているんじゃないかと思っていて。詩とか曲とか絵とか書いていたけれど、そのどれもが私に合わなくて、詩を書くと長すぎて短編小説みたいだと言われるし、短編小説を書こうとすると詩みたいになってしまう……でもそのうち従来の詩や絵や音楽以上の何か、私が「付加的な行為」と呼ぶものを必要とする人間もいるのではないかと思うようになって、発狂するのを防ぐために、自分の活動を始めたの。

「自分の活動」のひとつが、『グレープフルーツ』のもとになったノートでしょう。『グレープフルーツ』は「オノ・ヨーコの原点」とされている本です。初出版は一九六四年、彼女が三十一歳のときですが、その内容は、彼女が二十代のときに「発狂するのを防ぐため」に、ノートに書きつけていた言葉たちなのです。それは「インストラクション・アート」と呼ばれるジャンルのもので、言葉による指示（インストラクション）が書かれています。

内容をいくつか紹介します。

――この本を燃やしなさい。読みおえたら。

――想像しなさい。千の太陽がいっぺんに空にあるところを。一時間かがやかせなさい。それから少しずつ太陽たちを空に溶けこませなさい。ツナ・サンドウィッチをひとつ作り食べなさい。

――絵を描きなさい。一日のきまった時間のきまった光のもとでしか現れない色をつかって。とても短い時間で仕上げなさい。

――月に匂いを送りなさい。

ジョン・レノンは生前に言っています。

「イマジンはヨーコの『グレープフルーツ』から着想を得ているんだ。あれを想像してごらん Imagine that これを想像してごらん Imagine this って、たくさん出てくるんだよ」

有名な「イマジン」はヨーコの二十代のノートから生まれたのです。

Episode

2

貧乏暮らしではあるが、芸術に打ちこむ生活を始めた。

やがて風変わりなアーティスト志望の若者が集うパーティーに出かけるようになり、一《いち》柳慧《やなぎとし》に出逢います。現代音楽界をリードした巨匠として知られますが、当時彼はニューヨークの名門ジュリアード音楽院の学生でした。

ヨーコは両親の反対に逆らって大学を退学して彼と結婚、ニューヨークで暮らし始めます。

――貧乏暮らしではあるが、芸術に打ちこむ生活を始めた。

生活は苦しく、慧はカクテルバーでピアノを弾き、ヨーコはウエイトレスをしたり、日本協会で習字や民謡、華道を教えることなどで生活費を稼ぎました。

そしてこのころ前衛芸術集団フルクサスに参加します。

彼らは伝統的な芸術への反抗をモットーとし、音楽や文学、視覚芸術、さまざまな分野を取り入れて、意図せずに起こる出来事と観客の参加によって成立する「ハプニング」などの手法で芸術の可能性を探っていました。


彼女が二十七歳のころ、一年間ほどの期間、自分たち夫婦が住むロフトをギャラリーにして、若手アーティストたちの発表の場としていたことがありました。

そこには、マックス・エルンスト、イサム・ノグチなどの美術界の巨匠たちも訪れ、このユニークなギャラリーの存在は口コミで広がり、実験的な音楽や詩の朗読、独り言…、さまざまな「アート」が披露されました。

あるときのオノ・ヨーコのパフォーマンスは、豆まき。

豆の入った袋をもって登場し、頭をぐるぐる回しながら観客に豆を投げつけるというもので、長い黒髪が空気を切る音が聞こえました。

——私の髪の動きが豆まきの伴奏になっていたのよ。

また、このころの作品に「踏まれるための絵」があります。絵が床に設置され、鑑賞者がそれを踏みつけることによって完成するという作品です。

当時のヨーコについて一柳慧は言っています。

「内的な闘いを表現する彼女の作品は、アメリカのアートシーンでも特別な存在感がありました。彼女そのものがひとつのジャンルだった。もとは詩人ですが、何にも所属しないというのが彼女自身のアイデンティティーでした」

ニューヨークの前衛芸術の世界ではオノ・ヨーコの名が知られ始めていました。

Episode

3

私は感情で生きている女だ。理性で自分の生き方を方向づけて生きたいと考えても、感情が納得しないかぎり、私も満足できない。

夫である慧は音楽家としての才能は突出したものがありましたが、性格は穏やかで、従順すぎる彼が彼女は物足りなかったのかもしれません。結婚生活がうまくゆかなくなります。

そんななか、慧は日本での活動の場を求めて帰国、翌年ヨーコも帰国しました。

尊敬する音楽家ジョン・ケージから、日本への演奏旅行に誘われたのです。

「ニューヨークの前衛芸術界でちょっと有名な日本の女性芸術家」として帰国した彼女ですが、そのパフォーマンスに対する反応は冷淡で、悪意ある酷評もありました。

新しいものが好きなだけの女、誰かの模倣、盗作にすぎない…。加えて、彼女は悪妻であり過去にも悪い噂がある、などと、その人間性までもが非難されたのです。

祖国日本でのこの仕打ちにヨーコは落胆します。また、自分の存在が夫に悪影響を与えていることも気がかりでした。

――私のことを酷評する日本の批評家や芸術家たちは、彼にすればみんな親しい仲間にあたるわけである。何かのパーティーがあったりして、二人とも招待されることもある。そういうとき、私はまず、自分が出席することによって彼の交際関係を乱しちゃいけない、と考える。また私も、自分を理解してくれない人たちの集まりなどに行っても あまり面白くない。

当時をふり返って、「大変淋しかった」と言っています。

――私にはとてつもなく強いところがあると思うと、また人には想像もつかないような弱いところがある。

彼女はうつ病を患います。当時はうつ病に対する理解が一般的にはなかったため、周囲の人たちは「しっかりしろ」「元気を出せ」「きちんとした仕事をしないからそうなるのだ」と言うばかりでした。

夜中に、ほとんど無意識にベッドから出て、窓ぎわに歩いてゆき、下に飛び降りようとする、そのたびに夫があわてて引きもどす、そんな夜が続きます。

――私は感情で生きている女だ。理性で自分の生き方を方向づけて生きたいと考えても、感情が納得しないかぎり、私も満足できない。それでいつもギリギリのところまで追い詰められてしまう。

私は薬を飲んだ。自分はしょっちゅう死にたい、と思いつづけてきたような気がしてならなかった。気がついたときは、私は精神病院に入っていた。

二十九歳のときです。短期間で退院していますが、これが彼女の二十代の終わりです。

オノ・ヨーコの二十代

「私はただ私でありたい」と心で叫び続けたシーズン

全世界からのバッシングにも夫の殺害にも負けずに闘い続けるスーパーウーマンともいえるオノ・ヨーコですが、彼女の二十代のエピソードからは、自分自身が何者かを求めて、もがき続けていた姿が浮かびます。

仲間から一目置かれ、その芸術表現に自信をもったかと思えば、冷淡な批評にさらされて落ちこむ。祖国日本では居場所がなく、落胆し自殺未遂をして精神科病院へ。

当時彼女は死まで思っていたのですから、とても苦しんでいたわけです。

年齢を重ねてからは、「どんな状況でも自分らしくあり続ける。その一点で人はとても強くなれるものです」ときっぱり言えるようになりますが、二十代は「私はただ私でありたい。けれど、それは可能なのだろうか」という問いがあり、さまざまなことに挑戦しながら、その答えを知ろうとしていた、そんなシーズンだったようにも思います。

象徴的なのが、思いつくまま言葉を書きつけていたノートでしょう。

彼女は大学時代、授業をさぼり、図書館で読書にふけり、マッチをすりながら発狂するのを怖れ、それを防ぐために、詩でも小説でもない、どんなジャンルからもはじき出されてしまう作品を作っていたのです。ノートに言葉を書きつけていたのです。

ノートにペンを走らせている当時の彼女に、これらがのちに「オノ・ヨーコの原点」とされる一冊の本になるという意識があったのかなかったのか、わからないけれど、とにかく彼女は自分のなかからあふれる想念をひたすらノートに書いていたのです。それは「私はただ私でありたい」という彼女の心の叫びでもあったでしょう。

人生での初体験が多い二十代は、あらゆることに敏感に反応し、そのまま傷ついてしまうことが多々あります。感受性が強いひとならなおさらです。

それでも「私はただ私でありたい」という願いをもち続け、なんとか、とにかく自死せず、生き抜くということ。そして、自分が信じる活動を周囲の評価とは別のところで続けるということ。そのたいせつさを彼女の二十代は教えてくれているように思います。

Frida Kahlo

フリーダ・カーロ

（1907—1954）

死に打ち負かされることのないよう、
私は死を嘲笑し笑いとばすの。
「笑い」ほど貴重なものはない。
笑って楽しく我を忘れることは力。

フリーダ・カーロ。彼女はそのカリスマ性で多くの人を魅了するメキシコの画家。その作品ばかりでなく彼女の人生そのものが伝説となっています。

マドンナをはじめ、有名アーティストたちが彼女を熱烈に支持し、「二十世紀で尊敬する女性」といった企画があれば、たいてい彼女の名があがります。

ファッション界の視線も熱く、ジャン＝ポール・ゴルチエをはじめ、多くのデザイナーが彼女にインスパイアされたコレクションを発表しています。

トレードマークは、つながった濃い眉、口ひげ、色鮮やかな民族衣装、花籠のように結い上げられた髪、家じゅうのものをすべて身に着けたかのようなアクセサリー…。

かなり濃く、インパクトの強い姿に吸い寄せられたかのようになりますが、それだけでは時代を超えてここまで支持されることはありません。

彼女が人々を強く魅了する理由は、彼女の作品の独自性に加えて、四十七年の生涯、苦悩と闘い続けた、その力強い生き方にあります。

私の絵は苦悩という言葉の表現です

フリーダ・カーロは一九〇七年七月六日、メキシコのコヨアカンに生まれます。

利発な少女でしたが、六歳のときに小児麻痺を患い、後遺症で右足が極端に細くなってしまいます。それでも右足を隠しながらおしゃれを楽しみ、聡明でユーモアのセンスがある彼女は男子からも女子からも憧れのまなざしを向けられる学生でした。将来は医師を目指して夢に満ちた日々を送っていました。

そんな彼女の人生を一変させる事故に遭ったのは十八歳のとき。

彼女の乗っていたバスと路面電車が衝突し、鉄のパイプが腹部を貫通、脊椎、骨盤、右脚など計十八ヵ所を骨折するという大怪我を負い生死をさまよいます。命はとりとめたものの、その後遺症は生涯に三十数回の手術を経験させることになります。

ギブスをつけてベッドで寝たままの「死にそうに退屈」な日々、なんとはなしに、絵でも描いてみようかと思い立ち、両親に頼んで、ベッドに寝たままでも描ける特別なイーゼルと絵具を用意してもらったのが、画家フリーダ・カーロの始まりです。

完全な独学でした。美術書を読み、名作を模写してテクニックを身につけ、独自の画風を確立してゆきます。長い療養期間、絵を描くことだけが彼女の救いでした。

――私は生涯に二度大きな事故に遭いました。一つは交通事故、もう一つはディエゴとの結婚です。

夫ディエゴ・リベラはメキシコの英雄的な画家であり、その巨体から発散するエネルギーとユーモアのセンス、才能、たいへん魅力的な男性でした。

「退屈な友人を一人もつよりは、頭の切れる敵を三人もつほうがましだ!」と言うディエゴにとってフリーダは満足のいく女性でした。

けれど、ふたりの関係はけっして安定したものではありませんでした。

――ディエゴ、はじまり。ディエゴ、私の子。ディエゴ、婚約者。ディエゴ、画家。ディエゴ、私の恋人。ディエゴ、私。ディエゴ、宇宙……

言葉通りの意味で、ディエゴはフリーダにとってすべてだったのに、ディエゴは恋愛性愛に奔放で、気分のおもむくままに、ほかの女性と関係をもつ男性だったのです。

それでも彼は、彼のスタイルでフリーダを愛し、誰よりもその才能を賞賛していました。

「僕はフリーダの絵を見ると怖くなる。キリストやマリア以上の何ものかで、生命の源泉のように神秘的なんだ。彼女の絵はいまにきっと世界中に知られるようになるよ」

フリーダ・カーロは自画像の画家です。夫ディエゴの浮気を知って傷つくたびに、手術後の痛みに苦しむたびに、彼女は自画像を描きました。

――私の絵は苦悩という言葉の表現です。

血が流れ、悲鳴が聞こえてきそうな自画像はすべて、彼女自身の克明な苦悩の記録です。それでも、実生活でのフリーダはいつだって、ディエゴの浮気も、痛みも、ユーモアをもって友人たちに語り、彼女たちとよく笑い転げていました。

――死に打ち負かされることのないよう、私は死を嘲笑し笑いとばすの。「笑い」ほど貴重なものはない。笑って楽しく我を忘れることは力。「悲劇」は最も馬鹿馬鹿しいもの。

悲劇としか言いようのない状況においても、ユーモアで自分を笑い飛ばすことで、なんとか生き抜こうとしたのでしょう。

はじめての個展は三十一歳のときにニューヨークで開催されました。独特の作風の絵は、メキシコの民族衣装を着たフリーダの外見と合わせて大評判となりました。

翌年にはパリで開かれたメキシコ展に招かれ、多くの芸術家と交流しますが、そのなかの一人、当時五十八歳のピカソは彼女に魅せられて、手の形をした白いイヤリングを贈っています。彼女はこれが気に入ったようで、このイヤリングをつけた自画像を描いています。

最後の十年、三十代の後半からは病状が悪化してゆき、手術も増え、痛みとの闘いの日々が続きますが、そんななかでも、その痛み、苦しみを、彼女は描き続けました。

亡くなるすこし前、最後の日々の絵日記には、苦しみのなかでもなんとか生き抜こうとする彼女の姿があります。

――私自身に感謝する。愛する人たちのために生きようとする強い意志に感謝する。

――いまだに自殺を望む。ディエゴ一人だけが、思いとどまらせている。……されど生まれてこのかた、こんなに苦しいことはない。

そのようすは夫ディエゴに「僕にもしその勇気があれば殺すのに…フリーダの苦しみをこれ以上見ていられない」と言わせるほどのものでした。

四十七歳の誕生日の七日後に、フリーダ・カーロは亡くなりました。

火葬され、炉から出てきたとき、ディエゴは小さなノートに彼女の骨格をスケッチし、灰のひとかたまりを口に入れました。そして周囲の人たちに言いました。自分が死んだら自分の灰とフリーダの灰とを、よく混ぜて一緒にしてほしい、と。

フリーダの魂がそこにあったかどうか、神秘的なことは私にはわかりませんが、ディエゴの行為、ディエゴの言葉を知ったなら、フリーダはどれほど喜んだことでしょう。

――悲しみ苦しみをいだいている人がいる限り、響き続ける絵

二〇〇三年に伝記映画『フリーダ』が公開され、その凄絶な人生が話題となり、生誕百年にあたる二〇〇七年には大規模な回顧展が開催され、メキシコ、コヨアカンにあるフリーダの「青い家」では、封印されていた大量の私物や作品が公開されて話題となりました。

私がはじめてフリーダ・カーロの絵を観たのは、二十代のはじめ、雑誌の特集にそれらはありました。

あのときの衝撃は忘れません。すさまじい叫びを放ち、苦しみにのたうちまわり、悲しみで満ちている自画像の数々に、私まで切り刻まれているような感覚になりました。

フリーダは言っています。

――私の絵は、テーマが個人的すぎて、自分以外の人には何もうったえかけないと思う。

いまならわかります。フリーダの作品には、誰もが自分のなかにかかえている悲しみや苦しみといった痛みをえぐりだす力があるということ。そしてそれは彼女が徹底的に、自分自身と対峙し創作したからこその力なのだと。個人から生まれる普遍がそこにあるのだと。

誰もが、人知れず悲しみや苦しみをかかえていることでしょう。そこにフリーダの絵は響きます。悲しみ苦しみをいだいている人がいる限り、フリーダの絵は普遍なのです。

「個人的すぎる」絵を描いた彼女の二十代、三つのエピソードを見てゆきましょう。

Episode

1

私が芸術家としてやっていけるかどうか、
絵を続ける価値があるかどうか、
真面目に批判してください。
私は働かなければならない女なのです。

運命そのものとも言える男性、ディエゴ・リベラとの出逢いはフリーダからのアプローチでした。

大事故後の長い療養期間のなかで絵を描き始めた彼女は、周囲の反応で、もしかしたら自分には才能があるのかもしれない、とも思いますが、実家が裕福ではなかったため経済的に自立する必要がありました。絵で生計を立てられたらよいけれど、そうでなければ、早いうちにほかの道を探さなければなりません。

ある日のこと。フリーダは壁画を制作中のディエゴ・リベラを訪ねました。メキシコで最も有名で、フリーダが最も尊敬する画家です。

――私、面白半分で来たのではありません。生活費を稼がなくてはならないので絵を描きましたが、専門家として見ていただきたいのです。自分の虚栄心を満足させている余裕などありませんから、絶対に率直な意見がほしいのです。私が芸術家としてやっていけるかどうか、絵を続ける価値があるかどうか、あなたの意見をうかがいたいのです。真面目に批判してください。私は働かなければならない女なのです。

絵を見たディエゴはその才能に心奪われ、フリーダに言いました。
「たとえどんなに困難でも、絵を続けるべきだと思うね」
これが出逢いで、この翌年ふたりは結婚します。フリーダ二十二歳、もちろん初婚。ディエゴは四十二歳で三度目の結婚でした。

Episode

2

じっと耐えるしかありません。
私は簡単に死ななかったのだから
悪運が強かったということですよね。

フリーダはディエゴを愛するあまり、ディエゴと一体化したいと思っていたほどでしたから、ふたりの血が流れる子どもを切望していました。

けれど事故の怪我による後遺症、体の状態から出産は危険と医師に言われ、あきらめかけていたところに希望の光が見えたのは二十五歳、ディエゴの仕事についてアメリカのデトロイトに滞在していたときのことです。

妊娠していることがわかり、医師の診断を受けるのですが、その医師は、帝王切開なら出産が可能、とフリーダに告げたのです。
喜んだ彼女は出産を希望しますが、妊娠三ヵ月半で流産してしまいます。
悲しみは激しく、たびたび絶望の発作に襲われました。退院してからかかりつけの医師に手紙を書いています。

――何が理由で流産したのか、私にはいまだにわかりません。じつに不可思議なことで私の体にはいったいどんな悪魔が巣くっているのでしょうか。……こうなってしまった以上、じっと耐えるしかありません。いずれにしろ、私は簡単に死なかったのだから悪運が強かったということですよね。

そして、この悲しみ苦しみのなかで、彼女は傑作『ヘンリー・フォード病院』を描きあげます。タイトルは入院していた病院の名です。

この絵は、これから続々と描かれることになる「一連の血なまぐさい恐るべき自画像シリーズ」の最初の一枚です。ディエゴは言っています。

「フリーダは、美術史上前例をみない一連の連作——つまり、真実・現実・残酷さ・苦しみなどに耐えるという女性の特質を称える絵——に取り組み始めた。これほどの苦悩に満ちた詩をキャンバスに描いた女性は、フリーダがはじめてだ」

絵のなかで彼女は裸で血まみれのベッドに横たわり大粒の涙を流しています。お腹に置かれた手からは六本の血管のようなリボンが伸び、それぞれ六つのシンボルと結びついています。その一つは胎児です。

これはフリーダの絵の要となる「レタブロ」の様式をとった最初の作品です。この絵以後はすべてレタブロと言ってもよいくらいです。

メキシコに古くから伝わるレタブロは、たいていはハガキ大くらいで、アルミ板のパネルに下地を塗り、油絵具で描きます。怪我や病気の人の姿、そして聖人が描かれますが、絵を見ただけで何があったかわかる必要があるので、素朴な絵ばかりです。通常、当事者の名前、日付、救ってくれた聖人の名が添えられています。

日本の絵馬に似ていますが、絵馬が願いごとなのに対してレタブロは願いが叶ったこと、病気や怪我が治ったことを神に感謝するためのものであり、地域の人々への報告であり、当事者を癒すためのものでした。

いわば、悲劇を乗り越えて生き続けていくことを表明するものでもあるのです。

フリーダに奇跡は起こりませんでした。だから聖人は描かれていません。

彼女は自らの悲劇を彼女のスタイルで描き、描くことで一つの悲劇に区切りをつけ、前進しようとしたのでしょうか。いいえ、前進するなどという意識はなくて、描く以外に救われる方法がなかった、描かないではいられなかった、それが真実に近いのでしょう。

Episode

3

描くことで悲しみを忘れ、
すこしは幸せになれると信じています。
もっと強い意志をもち、
絵に情熱を注ぐ必要があるのです。

一九三五年、二十八歳のときの作品『ちょっとした刺し傷』も衝撃的なレタブロで、目をそむけたくなるほどに、むごたらしくて生々しい絵です。

新聞に掲載されていた事件に触発された絵です。女友だちをベッドに押し倒して二十回も刃物で刺して殺した男が法廷で言った言葉は、「でも、ちょっと刺しただけなんだ」。

ベッドで大の字に横たわる女性、刺し傷だらけの裸体、血はシーツ、床、そして絵の額縁まで飛び散っていて、傍にはナイフを手にし、白いシャツに返り血を浴びた男性がいます。

この絵を描いた理由としてフリーダは、殺された女性への同情と、この女性と自分が重なったからだと友人に語っています。

夫ディエゴがフリーダの妹クリスティーナと関係をもっていたことが発覚したのです。ディエゴの浮気は結婚当初から、フリーダへの愛情に関係のないところで、日常茶飯事に行われていました。これはどうしようもない自分の性質だと本人が言っています。

「私が女性を愛する場合、愛が強ければ強いほどその女性を傷つけたくなる。フリーダこそは、この忌むべき性癖のもっとも明瞭な犠牲者だった」

フリーダはそのたびに傷つきましたが、今回のは限界を超えていました。人生で自分がもっとも愛するふたりに裏切られたのです。

そんなとき新聞記事を読み、まさにこれは自分の事件そのものだと思ったのです。男にとっては「ちょっと刺しただけ」だとしても、女にとってそれは致命傷になりうる。

これは他人の悲劇に自己を投影させるというかたちの、フリーダの自画像なのだと私は思います。

このころ、友人の医師に宛てた手紙に彼女の心情が表れています。

――この数ヵ月、あまりにも苦しんだので、元気になるのは当分難しいような気がします。けれど、ディエゴと私のあいだに起こったことを忘れ、以前のように生きるため、可能なかぎりのことはしました。……悲嘆にくれているわけにはいきません。描くことで悲しみを忘れ、すこしは幸せになれると信じています。……もっと強い意志をもち、なんとかして絵に情熱を注ぐ必要があるのです。

同じころのディエゴへの手紙。

――共に暮らした七年間、あなたの無数の浮気のたびに大喧嘩が繰り返されてきたわね。それでも私たちはいつも愛し合ってる。……私は自分の肌身以上にあなたを愛していること、そしてあなたも私ほどではないにしても、私のことを愛してくれていることを悟りました。だから私はあなたとの関係が続くことを望みます。それで満足です。

フリーダ・カーロの二十代

愛の傷を描きながら、愛する人との関係性を模索したシーズン。

夫ディエゴ・リベラとは三十二歳のときに離婚し、一年後に再び結婚しています。フリーダが提示しディエゴが承諾した再婚の条件は、ふたりのあいだに性的な関係をもたないこと、互いの婚外性愛を認めること、経済は別にすること…。

いま考えられるベストの状態で、ふたりは一緒にいることを望んだのです。

そこに至るまでは、たくさんの傷を負いました。フリーダ・カーロの二十代は、ディエゴ・リベラとの結婚による幸福と苦悩に集約されるでしょう。

ふたりが離れなかった理由としては、互いの芸術に対する尊敬、説明しようがない愛着がまずあるでしょう。

そしてフリーダは、ディエゴに傷つけられるたびに自画像を描いたわけですが、それらは、その傷が深ければ深いほどに、輝きを放っているように私には思えます。もちろん笑っているという意味ではありません。血を流し涙を流し、自分はこんなに傷ついている、という叫びと同時に、けれど、こんなに彼を愛している、という叫びで輝いているように思うのです。

絵を描くために傷ついたわけではありません。傷つくのを望んでいたわけでもありません。けれど、どこかで彼女は彼との愛憎劇を求めていたのかもしれず、そして彼もそれを知っていたのではないか、と私は思うのです。

彼女は彼との関係において、激しく傷つきながら、それを何度も何度も繰り返しながら、自分がひそかに求めているものを、欲望を、じりじりと知っていったのではないでしょうか。

彼女の結婚生活、才能ある画家同士だし、ふたりとも激情にかられる性質なので、多くの人にとっては別世界のように思えるでしょう。

それでも、傷つけ合いながらも、どんなに傷ついても、その傷から生まれる熱もある、ということ。そして熱が何を意味しているのか、それを自分は望んでいるのかいないのか、その正体をじっと見つめることでしか知り得ない自分のひそかな欲望というものもあるのではないか…。彼女の二十代にそんなことを考えさせられるのです。

Jacqueline Kennedy

ジャクリーン・ケネディ

（1929―1994）

いまはとても不幸でも、いつか幸せを望むのなら、それをつかみとるのはあなた自身なのだ、っていうことだけはたしかよ。

人は、それを望んでいてもいなくても、とにかく闘い続けなければならないのよ。

ジャクリーン・ケネディ・オナシス。彼女は第三十五代アメリカ大統領、ジョン・F・ケネディ夫人であり「史上もっとも有名でもっとも愛されたファーストレディ」として歴史に名を残した人です。

若くて美しい大統領夫妻は、アメリカ国民の希望の星となりましたが、就任から三年にも満たないとき、ケネディ大統領暗殺という大事件が起こります。彼の血をあびた、彼女のストロベリーピンクのシャネルスーツ姿は全世界の同情を集めました。

けれど、それから五年後、悪名高いギリシアの大富豪と再婚したことで、祖国アメリカを捨てた女、財産目当ての結婚をした女、と世界中から誹謗中傷されます。

ファッションアイコンでもあり、愛されているときも嫌われているときも注目され続け、数多くの紙面にそのときどきの彼女のスタイルが掲載されました。

晩年は出版社に勤務、有能な編集者として数多くの本を世に送り出しています。

元ファーストレディ、大富豪の妻、編集者…。彼女はこんな人、とひとことで言い表すのは難しいけれど、過酷な運命を生き抜いた、「強か《したた》」な人であることは、たしかです。

――もっとも過小評価されている女性

ジャクリーンは一九二九年七月二十八日、ニューヨークに生まれました。

上流階級の令嬢として育ち、二十四歳で結婚。結婚相手は政治家のジョン・F・ケネディで、ジャクリーンが三十一歳のときに彼が大統領となったことで、彼女は若きファーストレディとして一躍脚光を浴びます。

大統領就任式で見せたその美貌と知性、独特の存在感、ファッションセンスは世界中を魅了しました。

外国を訪れたときの人気もすさまじく、そのあまりの熱狂ぶりに、ケネディ大統領は「私はジャクリーン・ケネディをエスコートしてきた男です」と自己紹介したほどです。

スペイン語、フランス語、イタリア語に堪能であり、語学力と見識を活かして各国の要人たちの心をとらえるようすは「ジャクリーン外交」と呼ばれるほどのものでした。

彼女はケネディ政権になくてはならない人材でした。

ホワイトハウスをアメリカの歴史博物館にすべく大修復事業に取り組み、一流の作家、音楽家、画家を招き、ホワイトハウスを芸術の香りでいっぱいにしたことも彼女の功績です。

ファーストレディとしてジャクリーンが国内外に及ぼした影響は大きく、当時の国防長官は「彼女は我が国でもっとも過小評価されている女性の一人だ」と言っています。


ジャクリーンが三十四歳のとき、一九六三年十一月二十二日、ケネディ大統領が暗殺されます。自動車に乗ってパレード中に、夫が隣で射殺されるという悲劇。夫の血をあびたシャネルスーツを着替えることなく次期大統領の宣誓式に立ち会う、表情を失った彼女の姿に、世界中の人が胸を痛め、同情しました。

想像を絶する悲嘆のなか、それでも彼女には使命がありました。ケネディ大統領というアメリカ国民の希望の星が消えてしまったことの重要性を強く、国内外にアピールすること。

それが自分の使命なのだと、彼女は全精神力、全体力をふりしぼります。

彼女は、三日後に行われる予定の、夫の葬儀のすべてを取りしきりました。葬儀の場所からパレードの道順、夫を埋葬する場まで、厳しい表情で指示を出すその姿に多くのスタッフが感嘆しました。

始まったばかりの衛星中継で、葬儀当日のジャクリーンの姿を見た世界中の人々が、その毅然とした姿に圧倒され、それから大きな尊敬を寄せました。

黒いヴェールの奥のしずかな表情、そして幼い娘と息子を守るようにして凛と立つその姿は「不屈の精神」の化身のようで、アメリカ国民はジャクリーンを「黒衣の聖母」と呼び、彼らの精神的支えの象徴としたのです。

だからケネディ暗殺から五年後、アメリカを捨て、世界有数の大富豪であるギリシアの海運王アリストテレス・オナシスと再婚したときには、アメリカ中から「裏切り者」と激しく誹謗中傷されました。世界中からも「財産目当ての最低の女」と誹謗中傷の嵐で、その攻撃の激しさは、まるでジャクリーンが大量殺人でも犯したかのようでした。

オナシス亡きあと、ふたたび「有名な未亡人」となったジャクリーンは大手出版社に就職します。パパラッチによる写真が新聞や雑誌につねに掲載されている有名人が一編集者として働くということに多くの人が驚愕しました。

彼女は有能な編集者で、数多くの本を手がけました。ジョン・レノン追悼の『ジョンとヨーコ愛の詩』もそのひとつです。

彼女が五十代の半ば、夫を亡くしたばかりの知人を慰めて言った言葉があります。

――これだけ多くの不幸に見舞われると、人生に多くを求めてはいけないことを知る。それでも、いまはとても不幸でも、いつか幸せを望むのなら、それをつかみとるのはあなた自身なのだ、っていうことだけはたしかよ。人は、それを望んでいてもいなくても、とにかく闘い続けなければならないのよ。

望んでいなくても、闘い続けた彼女は、癌のため、六十四歳で亡くなりました。

――頼れるのは自分自身だけ

私がジャクリーンの人生で、とくに興味を惹かれるのは、彼女がもっとも誹謗中傷された大富豪オナシスとの再婚と、その背景にある彼女の恐怖、そしてたいせつなものは自分で守る、という意志です。

夫ケネディが暗殺された五年後、人種差別撤廃を掲げる公民権運動の指導者マーティン・ルーサー・キングが暗殺されます。夫ケネディが推進していた政策のひとつが公民権運動であり、ジャクリーンはケネディの弟ロバートの身を案じます。

――彼もきっと暗殺されるわ。この国には憎悪が渦巻いているのよ。

そしてこの予言が的中してしまうのです。キング牧師暗殺の二ヵ月後、ロバート・ケネディ暗殺。

夫の暗殺事件後、心的外傷後ストレス障害（ＰＴＳＤ）に苦しみ、夜は眠れず、何度も死を想い、けれど子どもたちのためだけに、なんとか生き続けてきた彼女でしたが、限界でした。

――ケネディだから殺されるのなら、子どもたちは一番の標的じゃない。

そしてオナシスとの再婚を決意するのです。なぜなら、もちろん愛情という理由はありましたが、オナシスと結婚すればセキュリティが完備された環境で暮らすことができ、いつ殺されるかと怯《おび》える日々から逃れられるからです。

そして「不純」な動機で結婚した女として、世界中から誹謗中傷されるわけですが、これは彼女の立場に立てば、世界を敵にまわしても自分と子どもたちの命を守るという選択であり、ここに私はジャクリーンの「したたか」さを見て、心惹かれます。「したたか」は悪い意味で使われることもありますが、「強か」と書くように、本来は強いという意味をもつのです。

再婚を決意したころ彼女が友人に言った次の言葉に私は、人生のつらいシーズン、何度も支えられてきました。

——絶対に変わらないのは、不変なものは何もないという事実だけよ。だから、何にも、誰にも頼ることはできない。頼れるのは自分自身だけ。これがつらい思いをして私が学んだことよ。

どんなに周囲から非難されようとも、自分とたいせつな人たちの命は自分が守る、ということ。頼れるのは自分自身だけ。ほんとうにその通りだと思い、くずれそうになったときは、いつもこの言葉を想うのです。

晩年に「誇れることは何ですか?」と問われて次のように答えています。

——かなりつらい時期、正気を失うことなく耐え抜いてきたことでしょうか。

過酷な人生を強かに生き抜いた彼女は、二十代をどんなふうに過ごしていたのでしょう。ファーストレディになるのは三十一歳。そこにいたるまでのエピソードを見てゆきましょう。

Episode

1

欲求不満のかたまりでした。将来は敷かれたレールを進むだけなのですから。

大学卒業をひかえた二十二歳の年、将来のことを考えたとき、唯一ジャーナリストという職業に興味がありました。そこでジャクリーンは一流のファッション雑誌『ヴォーグ』主催の第十六回「パリ賞」に応募することにしました。

大学生を対象とした論文コンテストで、入賞者には『ヴォーグ』のパリとニューヨークのオフィスで半年ずつ実習生として働く資格が与えられます。その道を目指す人にとっては、とてつもなく魅力的なコンテストでした。

課題は四つありました。ファッションについての専門的な論文、応募者自身の人物紹介、『ヴォーグ』一号分の企画書、「私が会いたかった人たち」（美術・文学・バレエの分野の故人に限る）というテーマでのエッセイ。

会いたかった人、として彼女はセルゲイ・ディアギレフ（バレエ界の革新者。ロシア・バレエ団のプロデューサー。）、シャルル・ボードレール（孤独で官能的な『悪の華』で知られるフランスの詩人）、オスカー・ワイルド（耽美かつ退廃的な作品で社会を挑発し続けたイギリスの作家）を選んでいます。

三人とも異端の香りが漂う人たち。彼女の好みがわかる興味深いリストです。

一二八〇人を超える応募者のなかからジャクリーンはみごと優勝。作家、ジャーナリストを目指す人にとって、最高の将来へのパスポートを手に入れます。

ところが、この賞を彼女は辞退するのです。

理由は親の反対でした。奨学金をもらうなんて良家の子女のすることではないし、勉強で留学ならまだしも「働く」ことを前提にしてパリに行くなんて許せない……。

一九五〇年代のアメリカ、上流階級の人の価値観としては珍しくはありません。良家の子女が仕事に生きることは恥ずかしいことであり、良い結婚以外に選択肢はない、それが当然でした。

とはいえ、強い意志があったなら、反対を振り切ってでもパリに行けたでしょう。けれど、彼女はそうしませんでした。

大学卒業後、ジャクリーンは親の紹介で新聞社に入社します。あくまでも「結婚までの社会勉強」としての一時的なもの、という条件でした。

二十二歳、当時の想いについて彼女は次のように言っています。

——欲求不満のかたまりでした。将来は敷かれたレールを進むだけ。有利な結婚をすることだけなのですから。

Episode

2

なにより重要なのは、鋭敏な頭脳があるかどうか、ってこと。

「パリ賞」を辞退し、新聞社で働き始めた二十三歳のとき、運命の人と出逢います。若き政治家ケネディで、ジャクリーンより十二歳年上の三十五歳、映画スターのような人気がありました。

――最初から、この人は自分の一生に深い影響を与え、心を悩ませる存在になるに違いないと感じていました。

ケネディもジャクリーンに惹かれました。

美しくてユーモアのセンスがあり、驚くほどの教養がある。そして、高貴な雰囲気が漂っていてうかつに手を出せない。

ケネディの周りには多くの女性がいましたが、官能的だけれど知性が感じられない女性ばかりで、彼にとってジャクリーンはこれまで出会ったことのない女性だったのです。

このころジャクリーンは理想の男性について知人に次のように言っています。

――なにより重要なのは、鋭敏な頭脳があるかどうか、ってこと。

鋭敏な頭脳で、ケネディはジャクリーンを魅了しました。加えて、ちょっと危険な香りがして、ルックスもよくて野心いっぱい。この人とならきっと刺激的な人生が送れる、そう思った彼女は、ケネディを射止めるための行動を開始します。

彼が上院に提出するレポートの作成を手伝い、彼が必要としているフランス語の本を翻訳し、政界関係者との会食に同席して鋭い見解を伝えました。

ファッションに疎《うと》い彼のスーツを一緒に選びに行きました。

彼がいつも一人きりで味気ないランチを食べていることを知ると、温かいお弁当を二人分用意して、彼の仕事部屋に立ち寄りました。

彼女は彼の周りにいる女性たちと自分が違うことを行動で示してみせました。教養があってセンスがよく気配りもできる「使える」女性であること、彼にとって「必要な人」であることを示したのです。

ケネディ家の人たちには、自分の流儀を通すことで彼らを魅了しました。

たとえば、彼らはスポーツが大好きで、よくジャクリーンを誘いましたが「私はスポーツは見るだけで充分」と、いつも少し離れたところから彼らを眺めていました。

無理に合わせようとしない超然としたところ、そして上流階級の令嬢ならではの洗練された立ち振る舞い。大統領を目指す彼には彼女のような人が必要なのだと誰もが思いました。

出逢いから一年も経たないうちに盛大な結婚式が開かれ、ジャクリーンがケネディ夫人となったのは、彼女が二十四歳の秋のことでした。

Episode

3

私は毎日、重要なことに没頭しています。プレッシャーは絶えずありますけれど、それにも慣れました。魚が水のなかを泳ぐように、自然にそこで生きていけるようになるものですね。

結婚の翌年の秋、ケネディが以前から問題のあった脊椎の手術を受けるため入院します。入院期間は二ヵ月ほどでしたが、最初の三週間は生死をさまよう状態が続きました。見舞いに訪れた知人は言っています。

「彼女には逆境に対する超人的な能力があるようだった」

ケネディも言っています。

「妻は内気で、口数も少ないが、苦難に直面すると、いつもよりしっかりとして、動じることなく対処できるんだ」

夫がしだいに回復してくるとジャクリーンは「ベッドでできる仕事をしましょう」と彼に提案。話し合って、彼が以前から興味のあったテーマで本を書こうということになります。

八人の政治家を取りあげて、彼らが困難にどのように立ち向かったのを書いた本です。

彼女は議会図書館から送られてくる何冊もの歴史書を読み、メモをとり、テーマについて意見交換し、文章についての助言を与えるなど、その文学的センスを活かして協力しました。

『勇気ある人々』というタイトルで出版されたこの本はベストセラーとなり、伝記部門のピューリッツァー賞を受賞しました。

執筆を助けたのはジャクリーンのほかにもいたとはいえ、療養中の彼が一冊の本を書けたのは、彼女の提案があったからです。なにより彼は、療養中も無駄に過ごさない、という彼女の姿勢に大きく支えられたのではないでしょうか。

健康を回復すると、ケネディは大統領選に向けて活動を開始します。本格的なキャンペーンはジャクリーンが三十代を迎えるころに始まりますが、二十代の後半、彼女は政治家の妻としての有能さを夫に、そして周囲の人々に、強く示しました。

間違っていると思うことがあれば、はっきりと、その理由を明確にして伝えることができました。視覚的な記憶力にすぐれていて一度会った人の顔を忘れることはありませんでした。また、夫の演説についても、間の取り方や話すスピードなど、魅力的になるようアドバイスをし、文学作品から効果的な文章を引用して演説のなかに入れることを提案しました。

――政治家の生活はとても刺激的です。いつもニュースの中心にいられるし、最高にエネルギッシュな人たちと仕事ができますから。私は毎日、重要なことに没頭しています。プレッシャーは絶えずありますけれど、それにも慣れました。魚が水のなかを泳ぐように、自然にそこで生きていけるようになるものですね。

彼女は最強のブレーンとして大統領選の勝利に大きく貢献することになります。

ジャクリーン・ケネディの二十代

制約のなかで、自分の才能を発揮し、人生を切り拓いたシーズン

『ヴォーグ』の「パリ賞」優勝は、ジャーナリストとしてたいへんな才能があることを証明するものです。これを辞退した理由について彼女自身は多くを語っていないため、心情は思い計るしかありません。

新たな世界への扉を開ける勇気がなかった、と自分にがっかりしたかもしれません。

『ヴォーグ』での一年間の実習の先にある将来も考えたでしょう。

その将来とは、仕事に生きがいを見出す人々のなかで、家柄など関係なく労働に勤《いそ》しんで生きるという将来です。

いざ賞を受賞して、それが現実となって目の前に提示されたとき、それは自分の進みたい道ではないかもしれない、と疑問が生じたのかもしれません。

つまり、ジャクリーンは親の反対はあったとはいえ、「良家の子女」という制約から出ることを選択しなかったということです。

そして、その制約のなかで、いいえ、むしろその制約を強みに変えて、彼女は自分の能力を最大限に発揮したのだと思います。

ケネディという人を射止めるために彼女がとった行動を、計算高いと非難する人もいますが、ここまで徹底的にしている姿は、私にはむしろ爽快です。

また、彼女が知性やユーモア、そして媚びない姿勢といった、彼女のスタイルを貫くことで、ケネディ家の人たちを魅了したことには、拍手を送りたくなります。

政治家の妻として、その能力を発揮する姿には、彼女が活躍する場はここだったのか、といった感を強くします。

彼女のように「良家の子女」という制約のなかにいます、という人は多くはないでしょう。けれど誰もがなんらかの制約のなかで生きています。

どうしてもそれが嫌な人は制約から飛び出します。そうすることで人生を切り拓き、歴史に名を刻んだ人もたくさんいます。そしてジャクリーンのように、そうでないやり方で人生を切り拓いた人もいる、ということです。

なんらかの制約があるなかでも、自分がもっている才能を活かす道を探り、自らの人生を決めてゆく、そんな生き方もあるということを、彼女の二十代は語っているように思います。

Marilyn Monroe

マリリン・モンロー

（1926—1962）

とにかく、自分らしくなれなかったら
何になってもしかたがないでしょう？

マリリン・モンロー。彼女は三十六年という短い生涯で、女優として活躍したのはわずか十六年であるにもかかわらず、映画界で伝説的な名声を誇るアメリカの女優です。

オークションで彼女が着たドレスは、たとえば近年では四八〇万ドル（五億三千万円）で落札されるなど、ほかの女優たちとは桁が違い、それは彼女の特別性を物語っています。

そのたぐいまれな魅力から「五百年に一人しか出ない女優」と言われ、死後六十年が経った現在も「世紀のセックスシンボル」としての彼女を超える人は現れていません。

フランスの文学者サルトルは言いました。

「彼女から発散するのは光ではなく、熱気。それがスクリーンを燃え立たせる」

マリリン・モンローは、どんなスターでも彼女と一緒だと影が薄くなってしまうという、どんな端役《はやく》であっても彼女がスクリーンに登場すると光り輝くという、「彼女にはそれがあった」としか言いようのない「才能」をもつ女優です。

二 女優になって、多くの人から注目されて、多くの人から愛されたい

マリリンは一九二六年六月一日、私生児としてロサンゼルスに生まれました。母親は精神が不安定で入院、マリリンは孤児院に入れられ、その後いくつかの里親のもとを転々としながら育ちます。

——私はほかの子が愛されるのを見ても、自分が同じように誰かに愛されるなどとは、夢にも思わなかった。だって、空想すらできないことだったから。

十六歳で近所に住む五歳年上の青年と結婚します。周囲がマリリンの住む場所を確保するためにはこれがベスト、と考えたことから成立した結婚でした。

十八歳のとき、あるカメラマンから誘われてモデルの仕事を始めます。あどけない顔、すばらしい肉体をもっていたので、たちまち人気モデルとなります。

モデルの仕事によって彼女は、人々から注目されて賞賛されることの喜びを知り、そのことが「女優になりたい」という夢につながります。

女優になることで、もっと多くの人から注目されて、もっと多くの人から愛されたいと、願ったのです。

女優になるために離婚し、モデル・エージェントからの紹介でハリウッドの「二十世紀フォックス」のスクリーン・テストを受けて合格、芸名が決まります。本名はノーマ・ジーンといいます。「マリリン・モンロー」誕生は二十歳のときでした。

いくつかの端役で映画に出演するうちに、ファンレターが殺到するようになり、雑誌に掲載された写真は人気で、アメリカ軍基地で「一九五一年ミス・ピンナップ」に選ばれたり、一流雑誌『ルック』の表紙も飾るなど、その人気は高まるばかりでした。

そんなとき「ヌードカレンダー事件」が起きます。彼女は二十六歳。三年前に撮ったヌード写真の存在が明るみに出たのです。

当時は女優がヌードになることはスキャンダルでしたが、彼女は新聞に「告白」を掲載。言い訳はせず、ヌードになった理由は「飢えていたからよ」と言いきりました。

――会社からはヌードになったことは認めるな、と言われたけれど、それは自分の考えと違う。私、嘘はつきたくなかったの。何も悪いことなんてしていないもの。

会社に逆らってまで正直であろうとしたその姿に人々は感動し、さらに人気は上昇、その年の四月、権威ある『ライフ』誌の表紙を飾ったことは、マリリンがスターになったことを意味していました。同年『プレイボーイ』が創刊されましたが、記念すべき創刊号の表紙はマリリンでした。

二十七歳のときの『ナイアガラ』『紳士は金髪がお好き』『百万長者と結婚する方法』の大ヒットでスターの地位はゆるぎないものとなります。

ホルターネックの白いドレス、ひるがえる裾をおさえる姿で有名な映画『七年目の浮気』は二十九歳のときの作品です。

同年「マリリン・モンロー・プロダクション」を設立。ニューヨークに移住し、名門アクターズ・スタジオで演技を学び、本格女優としての活動を開始します。三十歳のときの『バス停留所』はその演技力が高く評価されました。

私生活ではいつも愛を求め、愛について考えていました。

――私がこの世で何をおいても求めているものは、愛し愛されること。

――愛とは信頼。人を愛するときは完全に信じることよ。

――愛すること、それはあなたを殺しかねない支配力を相手に与えること。

二十八歳のときに有名な野球選手のジョー・ディマジオと結婚しますが九ヵ月で離婚。三十歳のときに作家のアーサー・ミラーと結婚、四年で離婚しています。子どもを望んだけれど叶いませんでした。結婚は長くは続かなかったけれど、のちに言っています。

――私はもっとも素晴らしい男性ふたりにめぐり逢って、結婚したの。

彼女は結婚相手だけでなく、多くの恋愛や情事の相手を悪く言ったり非難したりすることは、すくなくとも公の場では、ありませんでした。

一九六二年八月五日、ひとりきりのベッドで亡くなりました。三十六歳でした。

「おそらく自殺」とされたその死は謎めいていて、薬の量を誤って飲み過ぎてしまったのか、それともやはり自殺なのか、ケネディ大統領と愛人関係にあったからその証拠封印のため殺されたのでは…、さまざまな憶測が乱れ飛び、いまでも真相は謎のままです。

——人はいつだって何かを失っているのよ。それでも私たちは生き続けなければならない、そうでしょう?

亡くなる前日、友人との電話のなかで言った言葉が悲しく残りました。

ひとりの人間として見てほしい

私は映画女優としてのマリリン・モンローの才能に、つよく惹かれます。妖艶な悪女を演じた『ナイアガラ』でのフューシャーピンクのドレス姿、ぞくりとするほどの冷酷なまなざし、コミカルで率直な美女を演じた『紳士は金髪がお好き』でのダンスシーンなど、ほんとうに魅力的です。

映画ではないけれど、動画で何度観たかわからないくらいなのが、ケネディ大統領誕生祝賀会の「ハッピー・バースデイ・ミスター・プレジデント」。空間に漂うかのように、吐息のように歌うマリリンの、あやうく、異様なほどの熱気…奇跡的なのです。

――とても誇らしかった。あれが私の最後の仕事になったとしても後悔はないわ。

大統領の誕生日パーティー、メインゲストとして誕生日の歌を歌う。社会の片隅から自力でスターとなったマリリンの、それは生涯最高の晴れ舞台でもありました。

亡くなるひと月前の『ライフ』誌のインタビューにも私が好きなマリリンが表れています。

――私はこれから物事をはっきりと、正しく見つめるわ。私の内部にある真の核心を見きわめて、それからあたらしい目で外の世界を見つめるの。見つめるということは人をそれだけ寛容にするわ。寛容さは、この世で一番たいせつなことのひとつ。……このインタビューを終わるにあたって、私がほんとうに言いたいと思っていることを言わせてほしいの。

それは、いま世界に必要なのは、ほんとうの仲間意識だということ。スターも労働者も、黒人もユダヤ人もアラブ人も、みんなそうよ。私たちみんな、きょうだいなのよ。このことこそ、私がいま懸命になって正しく理解しようと努めていることなの。この言葉で記事をしめくくれば、次に何を語り合うべきかという問題に、みんながとりかかってくれるわ。どうか私を冗談あつかいしないで。私が願っているようにインタビューをしめくくって。

没後五十年にあたる二〇一二年に、ドキュメンタリー映画『瞳の中の秘密』が公開されました。これはマリリン自筆のメモや詩、手紙が公開されたことを受けて制作されたもので、公開されたメモ類は『マリリン・モンロー 魂のかけら』というタイトルで一冊の本にまとめられています。

映画からも本からも、彼女がすばらしい女優になるために、いかに努力をしていたか、高校中退で教養がないという劣等感にどれほど苦しんでいたか、そしてその劣等感を克服するために、どんなにがんばっていたか、痛いほどに伝わってきます。

また、「セックスシンボルとしてだけでない、本格的な演技ができる女優として、人生について、社会について、さまざまなことをきちんと考えているひとりの人間として見てほしい」という声が聞こえてくるようで、涙なしは無理、愛おしさがつのります。

——どうか私を冗談あつかいしないで。

彼女が生涯いだいていたこの悲痛な願いを胸にとめて、彼女の二十代を見てゆきましょう。

Episode

1

自分が三流だっていうことは、よくわかっていたわ。
外側はともかく中身がだめなのよ。
だから勉強したいきもちはすごかった。
自分を変えたかった、自分を豊かにしたかったの。

高校中退で教養がないという劣等感を、彼女は読書で克服しようとしました。とにかく本を読んで教養を身につけようとしたのです。

二十三歳、人気が出始めたころ、撮影中にリルケの『若き詩人への手紙』を読んでいた彼女に監督が尋ねました。

「それは誰かに勧められたの？」

いいえ、と首を横にふって彼女は答えました。

──ときどき書店に行って本を眺めるの。何冊か手に取ってばらばらとめくって気に入ったところが見つかると買うのよ。この本も昨日そんなふうにして買ったの。……それっておかしい？

自信なさそうに逆に尋ねられて、監督は「それは最高の本の選び方だよ」と彼女を褒めました。

のちのインタビューで彼女はこの本のことについてふれて、「とても力づけられたわ。あれを読まなかったら、いつか頭がおかしくなっていたでしょうね」と言っています。

リルケのこの名著には、芸術家として生きることについての深く豊かな洞察、孤独や愛についてのあたたかな言葉があります。きっとそれがマリリンに響いたのでしょう。

同じころ、ドストエフスキーの長編『カラマーゾフの兄弟』を読んでいて、「これまで読んだなかでいちばん感激した小説だった」と言っています。

グルーシェンカという登場人物に共鳴し、いつか演じたいとも言っていました。

――彼女は男の人を愛することで成熟し発展してゆくのよ。だから私は彼女を演じたいの。

プルーストの『失われた時を求めて』やフロイトの夢分析についての本…、さまざまなジャンルの本を興味のおもむくまま、むさぼるように読んでいました。

――自分が三流だっていうことは、よくわかっていたわ。外側はともかく中身がだめなのよ。安っぽい下着をつけているみたいに。だから勉強したいきもちはすごかった。自分を変えたかった、自分を豊かにしたかったの。それ以外には何もいらなかったわ。

カリフォルニア大学ロサンゼルス校の夜間クラスで世界の文学・芸術・歴史を受講したのも同じころです。ノーメイク、ブルージーンズで、毎週火曜日の授業に十週間、休むことなく出席しました。

Episode

2

私の顔は自由自在にどんなふうにもなるわ。真っ白な紙の上に思い通りの絵を描くみたいに。

無名のころから彼女は、どんなふうに体を動かせばどこが鍛えられるかを考え、どんな形がより美しく見えるのか研究していました。参考にしたものがユニークで、解剖学者ヴェサリウスによる人体解剖図。彼女は骨格や筋肉の仕組みから始めたのです。

また、ヨガ、ウエイトリフティング、毎朝のジョギングで体を鍛えました。

メイクも研究します。マリリンの素顔は、整っているけれど、あどけなくて、インパクトがある造形ではなく、そのことを誰よりも本人がよく知っていたのです。

――私の顔は自由自在にどんなふうにもなるわ。真っ白な紙の上に思い通りの絵を描くみたいに。

彼女は研究を重ね、自らの手で「マリリン・モンロー」のイメージを作り出しました。丸い鼻を気にしていたからノーズ・シャドウにたっぷり時間をかけました。また、マリリンといえば、すぐにキスマークを連想するほどにその唇が特徴的ですが、もとの唇はわりと薄く、それをあの唇にするまで研究を重ねたのです。完璧なカーヴとシェードをつけるために、五、六種類の口紅を使い、セクシーだと納得するまで、濡れてぽってりとした「マリリン・モンローの唇」になるまで妥協しませんでした。

トレードマークとなった微笑も、研究と練習によるものです。上唇を下にのばすようにして笑う練習を重ね、上唇がわずかにふるえる、ぎこちない、守ってあげたくなるような微笑を作り出したのです。

Episode

3

私に必要なのは本物になることだけ。

彼女がその人生を自ら大きく変えたのは二十代の終わり、人気絶頂の二十九歳のときです。ハリウッドに背を向け、ニューヨークで「マリリン・モンロー・プロダクション」の設立を発表。

――私は新しい女になるの。会社の設立は、私がやりたい、もっとちゃんとした役を演じるため。…セクシーなだけの役は、もう、うんざり。自分の視野を広げたいの。

――私に必要なのは本物になることだけ。

「セクシーなブロンド」としてのマリリンはすでに世界的な大スターでした。けれど周囲がセックスシンボルとしての彼女に熱中すればするほど、彼女のなかで、私はそれだけの人間じゃない、本格派の女優になりたい、ちゃんとしたひとりの人間であることを知ってほしい、という心の叫びが強くなっていきました。

――とにかく、自分らしくなれなかったら何になってもしかたがないでしょう?

「本格派の女優になりたい」という強い願いを叶えるため、彼女は有名なニューヨーク・アクターズ・スタジオに通います。クラスは俳優志望の人たちばかり、そのなかでマリリンはいつもノーメイクで、ジーンズなどのラフなスタイルで、目立たないよう、けれど真剣に演技のトレーニングを受けていました。厳しいトレーニングが続きましたが、自分がずっと学びたかったことを学んでいる、という実感があり、彼女はこれまでにない、なにかとても充実した感覚のなかにいました。

このころのノートには「努力しなければ。以下を行う精神力をもたなければ」という言葉の下に「やることリスト」がずらりと並んでいます。


――レッスンを絶対に休まない。できる限り勉強する。レッスンの課題を。

自分のまわりを観察する。いままでよりももっとそうする。観察。自分だけではなく他人も、すべてを。ものの価値を見つける。

私がひきずってきた、いまかかえている問題と恐怖症を解決するため懸命に努力する。

もっと、もっと、もっと、もっと、もっと、分析治療で努力する。

いつも必ず時間通りに行くこと。遅れてもいい理由なんかない。

できるなら大学の講義をひとつ受ける。文学。ダンスの先生を探す。運動（創造）。


マリリン二十九歳、自己の内容の充実に痛いほどにひたむきな姿が伝わってきます。

マリリン・モンローの二十代

劣等感を克服するために、ひたむきに努力を続けたシーズン

生い立ちも悲惨で教養もないという劣等感をなんとか克服すべく、読書にふけっていた彼女の二十代。

本棚を見ればその人がわかる、と言います。

彼女が読んでいた本から、ドストエフスキーにしてもリルケにしても、彼女が人生の深淵を理解したい、人間というものを知りたい、と願っていたことが想像できます。

本質的なところを見ようとしているその姿勢は、体を鍛える際に解剖学者の本を参考にしていたことにも表れています。

スターとなってから、俳優志望の人たちにまざって演技のクラスを受けていますが、誰もが「あのマリリン・モンローがいる」と意識していたわけですから、その視線をあびながらレッスンを受けるには、そうとうな勇気と覚悟が必要だったことでしょう。

努力をすることで、マリリンはすばらしい女優だけでなく、すばらしい人間になろうとしていました。ラストインタビューの「どうか私を冗談あつかいしないで」という言葉、彼女は、冗談あつかいされない、すばらしい人間になりたかったのです。

私がたいせつにしているイギリスの詩人ブラウニングの言葉があります。

「人間の真価は、その人が死んだとき何をなしたかではなく、その人が生きていたとき何をなそうとしたかにある」

生きていたとき何をなそうとしたか。マリリンの真価はまさにそこにあるのでしょう。

周囲から真面目に受け取ってもらえなくても、女優としてなかなか評価されなくても、そして、どんなに冗談あつかいされても、ひたむきに、すばらしい女優に、すばらしい人間になろうとしていたその姿を、私は美しいと思います。

誰でも、ひたむきに努力しているときは、わからないのでしょう。けれど、努力をしている、その瞬間にこそ価値がある、そのときすでにそれはある、そんなことをマリリンの二十代はやさしく、ささやきかけているように思います。

おわりに

本書を書く日々は、そのまま私自身の二十代に想いを馳せる日々でもありました。

彼女たちの二十代のエピソード、どんなのを選ぼうかと考え、そのエピソードがその後の彼女の人生にどんなふうに現れることになるのか想いをめぐらせるなかで、私の場合はどうなのだろう…と思考が流れ、記憶の奥深くに眠っていたさまざまなイメージが現れる、そんなことが日に何度もあるという、五十代の現在を生きながらつねに二十代の自分がそばにいるという、ちょっとおかしな感覚のなかに私はいました。

そんな日々を送るなか、つくづく思ったのは、私の二十代は「これをなしとげました」「こんな目標に向かって突き進んでいました」と言えるようなことがないということ。けれど「何者かになりたい、自分が生きたいステージに立ちたい、でもそれはどこ？」そんな焦燥だけはあって、方角もわからないまま、とにかく突っ走っていた、そんなシーズンだったということです。

「いつから作家になりたいと思っていたのですか？」と問われることがあります。つよく物書きになりたい、と思ったのは二十代が終わるころです。それまでは、自分がしたいことはこれかな、それともあれかなと、手探りするように進むなかで、いくつかの出会いがあり、書くことがもたらす、ほかにはないたしかな充実を知り、いつしか書くことが自分の支柱になっていったように思います。

いまの自分につながるエピソードとして最初に思い浮かぶのは、ウィーン弦楽四重奏団によるシューベルトのコンサートと「ウィーン世紀末展」という美術展です。

両方とも当時好きだった人からの導きで、それらによって私はいままでの人生に決定的に欠けていたものを知ります。それはひとことで表現するとしたら「美」となるでしょう。絵画、音楽、文学…いわゆる芸術というものが、私の心をこんなにふるわせ、ふかく感動させるのだということ、そういうものがこの世の中に存在し、私はそれにこんなに感応するのだ、ということを、はじめて知るのです。

二十三歳のときで、だから私はよく「二十三歳で人生にデビュー」と書いたり言ったりしているのですが、当時は「いま、デビューした」なんていうことはもちろんわからないまま、夢中になって、さまざまな絵画展に行き、ヨーロッパ映画を観て、クラシック音楽を聴き、サガンやカミュなどの文学作品を読みふけりました。

この芸術への想いは二十五歳で友人と立ち上げた「アートサロン時間旅行」につながります。小さなカルチャーサロンのようなもので、月に二回、人を集めて都内の会場を借りてレクチャーをするというもの。テーマは欧米の美術館の楽しみ方や芸術家の人生。

当時はインターネットというものがなかったので、雑誌の最後のページにある社会人サークルのメンバー募集のコーナーを使ったり、語学学校の掲示板に案内を貼らせてもらったりして人を集めました。けれどこれには限界があり、雑誌や新聞に取り上げてもらうしかない、と大小さまざまな媒体宛に「私たちの活動を取材してください、掲載してください」という趣旨の手紙を送ったのですが、あのときの、あのきもちは、はっきりと覚えています。

こんなことしても無駄かもしれない。でもこれを送らなかったら何も起こらない。私はここにいます！って声をあげなければ何も起こらない、それはたしか。

何十通も送ってどこからも連絡がないことに落胆していたとき、講談社『フラウFRaU』の編集長から、取材をさせてください、という電話があって、それがどれほど嬉しかったか。携帯電話もない時代、家の固定電話を握りしめて喜びにふるえました。

やがてアートサロンで会報誌を発行しようということになり、そこに私も何か書こうか、ということで、当時夢中になって研究していた「ミューズ」が描かれた絵について書いたのが、小冊子とはいえ、私が文章を書いた最初です。ミューズとは画家にインスピレーションを与える女性のことで、画家とミューズ（モデル）の関係をテーマにした小文を月一回発行の会報誌向けに書くようになりました。

このころ出逢いがあって、それはのちに結婚し、娘の父親にもなる男性との出逢いなのですが、彼は私の書いたものをおもしろいと言い、出版社に持ちこむべきだ、と私の背中を強く押しました。

彼に背中を押されるまま、私は以前にアートサロンを掲載してくれた『フラウ』の編集長に原稿を見せに行きました。そうしたら幸運にもその場で連載が決定。連載開始は二十九歳のときで、以後三年間、同誌で絵画についてのエッセイを連載し、そのなかで、私は書くことに自分が進みたい道を見出します。それでもいわゆるデビュー作、最初の本の刊行は三十六歳のおわりのころですから、書いても書いてもなかなか本が出なくてもがき続けることになるのですが、それは三十代のエピソードとなります。

ざっとこう書くと、わりと順調なように見えるかもしれませんが、アートサロンは収入があるどころかマイナスだったので「こんなの趣味の域を出ない、仕事とは言えない、私は何者でもない」という想いはつねにありました。

エネルギーはあふれるほどたくさんあるのに、それを思いきり発揮する場所がない、というもどかしさもありました。高校の社会科講師と塾の講師、家庭教師のかけもちという生活から早く抜け出したい、でもどうしたらいいの、という叫びたいほどの焦燥もありました。

仕事で成功した女性たちが掲載されている雑誌をながめながら、私はこうして彼女たちを羨みながら雑誌をながめる側ではなく、掲載される側になりたい、とひとりきりの部屋で涙をにじませていたあの夕刻。体を壊して両親に一時的な経済援助をお願いしに帰省した帰りの電車、車窓に映った自分の顔が情けなくて、涙したあの夜…。そんなエピソードならいくらでもあります。

思い出しながらいま私は、あのころの私の肩を抱いて、だいじょうぶ、ってささやいてあげたくなっています。

あの焦燥、情けなさに涙する年月のなかで、夢中で研究していたこと、書いていたことが、のちにいくつもの作品となってこの世に送り出されているのですから。
けれど、それはいまだから言えること。自分にはなんらかの能力があるようで、でも、ないかもしれなくて、それでも何かがしたくて、夢中になれるものがほしくて、でもそれがわからなくて、わからないから必死で、不安で、つらいのです。それが人生というものなのでしょう。そしてだからこそいとしいのでしょう。

そして本書の彼女たちにも同じ想いをいだくのです。

何ヵ月ものあいだ、毎日をともに過ごした二十代の彼女たち、目を閉じれば次々とイメージが浮かびます。

ひたすら想念をノートに書いていたオノ・ヨーコの長い黒髪、河原で絵を燃やす草間彌生の目に映る炎、涙しながら絵筆を握っていたフリーダ・カーロの指輪でいっぱいの小さな手、読書にふけるマリリンのすこしうつむいた横顔、涙をこらえながら舞台稽古にのぞむオードリーの細い背中、ターコイズブルーのスーツを作っているときのヴィヴィアンの笑顔、アイディアを盗まれることを警戒してウォーホルと向き合うマドンナのちょっと緊張した口もと、ミシンに向かうサスーンカットにする前のマリー・クワント、もんもんとしながら嫌いな女性たちをじっと観察するシャネルの鋭い視線、過食症に関する本を読んで苦しみから抜け出そうと決意するダイアナの頬の紅潮、姉を喪って薬を飲みながら撮影に向かうドヌーヴの靴音、悪ふざけする友だちをながめるサガンのやさしいまなざし…。すべてがいとおしいです。

一冊の本ということを意識すれば、この人はエピソードが地味すぎるかな、三十代、四十代ならたくさん華やかなのがあるのに、と思う人もいます。でも、だからこそ、そこに本書の意味があるのでしょう。その人が何者でもなかったシーズンも、その人の人生になくてはならないシーズンであり、問題はそこに何を見るか、だと思うからです。そして、私は自分が見たものをいまの精一杯で書いたつもりです。

すてきなデザインをしてくださった岩永香穂《いわながかほ》さん、そして校正校閲と鋭い指摘をくださった親友の平林力《ひらばやしりき》さんとロビーに心から感謝を申し上げます。

そして書き終えたいま、一年前の春先にはじめて二十代のテーマについて話し合ったあの夜のことを想い、娘の夢子にありがとう、と伝えたいです。

二〇二三年五月二日

よく晴れた五十七歳の誕生日、タンゴの流れる部屋で

山口路子

おもな参考文献など

「無限の網―草間彌生自伝」（草間彌生著　作品社　2002）
「草間彌生が生まれた理由」（澁田見彰著　市民タイムス　2014）
「カトリーヌ・ドヌーヴの言葉」（山口路子著　大和書房　2019）
「こんな雨の日に」（是枝裕和著　文藝春秋　2019）
「トリュフォーの手紙」（山田宏一著　平凡社　2012）
「サガンの言葉」（山口路子著　大和書房　2021）
「サガンという生き方」（山口路子著　新人物往来社　2010）
「サガン　疾走する生」マリー＝ドミニク・ルリエーヴル著　永田千奈訳　阪急コミュニケーションズ　2009）
「ヴィヴィアン・ウエストウッド自伝（ヴィヴィアン・ウエストウッド、イアン・ケリー著　桜井真砂美訳　DU BOOKS　2016）
「それでもあなたは美しい　オードリー・ヘップバーンという生き方　再生版」（山口路子著　ブルーモーメント　2021）
「オードリー・ヘップバーン　上・下」（バリー・パリス著　永井淳訳　集英社　1998）
「シャネル哲学　ココ・シャネルという生き方　再生版」（山口路子著　ブルーモーメント　2021）
「シャネル　20世紀のスタイル」（秦早穂子著　文化出版局　1990）
「シャネル、革命の秘密」（リサ・チェイニー著　中野香織監訳　ディスカヴァー・トゥエンティワン　2014）
「マリー・クワント」（マリー・クワント著　野沢佳織訳　晶文社　2013）
「時代を変えたミニの女王　マリー・クワント」（ジェニー・リスター著　中野香織翻訳監修／石田亜矢子訳　グラフィック社　2022）
「BIOGRAPHY OF Mary Quant」（マリー・クワント公式ウェブサイト）
「だから自分を変えたのです　ダイアナという生き方」（山口路子著　ブルーモーメント　2022）
「ダイアナ妃の遺言」（シモーヌ・シモンズ著　飯塚恭子訳　清流出版　2011）
「完全版　ダイアナ妃の真実　彼女自身の言葉による」（アンドリュー・モートン著　入江真佐子訳　早川書房　1997）
「マドンナの言葉」（山口路子著　大和書房　2019）
「マドンナ　永遠の偶像（アイコン）」（ルーシー・オブライエン著　宮田攝子訳　二見書房　2008）

「マドンナの真実」（クリストファー・アンダーセン著　小沢瑞穂訳　福武書店　１９９２）
「ただの私」（オノ・ヨーコ著　飯村隆彦編　講談社　１９９０）
「今あなたに知ってもらいたいこと」（オノ・ヨーコ著　幻冬社　２００９）
「オノ・ヨーコ」（ジェリー・ホプキンズ著　月村澄枝訳　ダイナミックセラーズ　１９８８）
「ヨーコ・オノ　人と作品」（飯村隆彦著　水声社　２００１）
「グレープフルーツ・ジュース」（オノ・ヨーコ著　南風椎訳　講談社　１９９８）
「フリーダ・カーロ　生涯と芸術」（ヘイデン・エレーラ著　野田隆・有馬郁子訳　晶文社　１９８８）
「フリーダ・カーロ　引き裂かれた自画像」（堀尾真紀子著　中央公論社　１９９１）
「ディエゴとフリーダ」（ル・クレジオ著　望月芳郎訳　新潮社　１９９７）
「フリーダ・カーロ」（アンドレア・ケッテンマン著　ベネディクト・タッシェン出版　１９９３）
「特別な存在になりなさい　ジャクリーン・ケネディという生き方　再生版」（山口路子著　ブルーモーメント　２０２２）
「ジャッキーという名の女　上・下」（C　.デビット・ハイマン著　広瀬順弘訳　読売新聞社　１９９０）
「伝説のジャクリーン」（カトリーヌ・バンコル著　阪田由美子訳　扶桑社　１９９８）
「あなたの繊細さが愛おしい　マリリン・モンローという生き方　再生版」（山口路子著　ブルーモーメント　２０２０）
「マリリン・モンロー魂のかけら」（スタンリー・バックサル、ベルナール・コマーン編　井上篤夫訳　青幻社　２０１２）
「マリリン・モンロー論考　中田耕治コレクション１」（中田耕治著　青弓社　１９９１）

＊映像

「≒草間彌生　わたし大好き」（ビー・ビー・ビー　２００８）
「草間彌生∞INFINITY」（パルコ　２０１８）
「ヴィヴィアン・ウエストウッド　最強のエレガンス」KADOKAWA　２０１８）
「マリー・クワント　スウィンギング・ロンドンの伝説」（アットエンタテインメント　２０２１）
「マリリン・モンロー　瞳の中の秘密」（ショウゲート　２０１２）

シャネル哲学
ココ・シャネルという生き方 再生版

「シャネル哲学を、つねに自分の中心に置く必要はない、と私は思う。ただ、心の、頭の、体の片隅の小さなジュエリーケースにそっとしまっておくと、思いがけないシーンで、それが鮮やかにあらわれることがある。そして、いつだってなんらかのきっかけ、そう、一歩を踏み出す力を与えてくれる。」(序章より)
人を嫌うこと、怒ることはいけないと思っている人、同性の友達が少ない人…そして「かけがいのない人間になりたい」すべての人に贈る、熱くてスパイシーな一冊。

特別な存在になりなさい
ジャクリーン・ケネディという生き方 再生版

「波乱に満ちたジャクリーンの生涯、彼女の人生のターニングポイントと、そのときに彼女がとった行動、決意を想うと、からだの中心にエネルギーの小さな炎が生まれてくる、そんなイメージだ。」(序章より)
世界中から愛され世界中から誹謗中傷をうけた史上もっとも有名なファーストレディ。大富豪との再婚、編集者としての活躍…。誰よりも自分を信じ、過酷な境遇を「強《したた》か」に生き抜いた彼女の人生を、共感をもって描き出す、自尊心という名の小さな炎が心にともる一冊。

だから自分を変えたのです
ダイアナという生き方

「ダイアナの人生は『お勉強ができなくて学歴もなく、かわいいだけが取り柄の女の子』が逆境のなかで諦めることなく闘い続け、『世界規模で圧倒的な影響力をもつ人道主義者』になるまでの変貌物語と言っていい。…彼女が内に秘めていた才能を脅威的に開花させてゆく姿には、心底、圧倒され、涙するほどに心ゆさぶられる。人間はここまで変われるものなのか。畏怖の念を私はいだく。」(序章より)
「変わりたい」と願うすべての人に贈る、やさしい勇気をそっと手に握らせてくれる一冊。

彼女たちの20代

2023年 6 月 8 日　第1刷発行
2024年 5 月　　　第4刷発行

著者 ―――――――― 山口路子

発行者 ―――――――― 竹井夢子（Yumeko Takei）
発行所 ―――――――― ブルーモーメント
〒150-0002
東京都渋谷区渋谷2-19-15-609
電話 03-6822-6827
FAX 03-6822-6827
MAIL bluemoment.books@gmail.com

編集 ―――――――― ブルーモーメント編集室
印刷・製本 ―――――― シナノ書籍印刷株式会社
装丁・本文デザイン・DTP ― 岩永香穂（MOAI）

表紙写真　AP/Roger-Viollet/Mirrorpix/Mark Shaw/mptvimages/アフロ
本文写真　Everett Collection/ZUMA Press/Mirrorpix/TopFoto/Photononstop/Shutterstock/GRANGER.COM/Keystone/Bud Fraker/mptvimages/ANP Photo/Henri Cartier-Bresson/Magnum Photos/アフロ

落丁・乱丁はお取り替えいたします。
978-4-910426-06-8